职业教育活页式、新形态教材
职业教育“1+X”课程创新教材
浙江省高水平专业群资源库配套教材

供三年制、中高职一体化五年制专业使用

出纳实务

—— 工作手册 ——

主 编◎李 冬 胡晓锋

副主编◎赵 霞 李 萌 金 珺

ZHEJIANG UNIVERSITY PRESS
浙江大学出版社
·杭州·

图书在版编目（CIP）数据

出纳实务工作手册 / 李冬，胡晓锋主编．—杭州：浙江大学出版社，2023.6

ISBN 978-7-308-23448-1

Ⅰ.①出… Ⅱ.①李… ②胡… Ⅲ.①出纳—会计实务—手册 Ⅳ.①F231.7-62

中国版本图书馆 CIP 数据核字(2022)第 251994 号

出纳实务工作手册

CHUNA SHIWU GONGZUO SHOUCE

主　编　李　冬　胡晓锋

副主编　赵　霞　李　萌　金　珺

责任编辑　徐　霞

责任校对　秦　瑕

封面设计　续设计

出版发行　浙江大学出版社

（杭州市天目山路 148 号　邮政编码 310007）

（网址：http://www.zjupress.com）

排　　版　杭州青翊图文设计有限公司

印　　刷　杭州高腾印务有限公司

开　　本　787mm×1092mm　1/16

印　　张　13.25

字　　数　323 千

版 印 次　2023 年 6 月第 1 版　2023 年 6 月第 1 次印刷

书　　号　ISBN 978-7-308-23448-1

定　　价　45.00 元

编 委 会

主　编　李　冬（浙江旅游职业学院）

胡晓锋（浙江同济科技职业学院）

副主编　赵　霞（浙江旅游职业学院）

李　萌（浙江旅游职业学院）

金　珺（浙江旅游职业学院）

编　委　（按姓氏笔画排序）

王燕洁（杭州万向职业技术学院）

方　倩（浙江广厦建设职业技术大学）

年　艳（义乌工商职业技术学院）

阮文希（台州科技职业学院）

李方超（台州科技职业学院）

李国辉（浙江经贸职业技术学院）

张玲萍（温州科技职业学院）

陈　影（浙江同济科技职业学院）

林依娴（浙江商业职业技术学院）

洪韵华（浙江机电职业技术学院）

徐海燕（浙江农业商贸职业学院）

谈礼彦（湖州职业技术学院）

韩国红（浙江金融职业学院）

傅凌燕（浙江经济职业技术学院）

甄国玲（浙江长征职业技术学院）

前　言

本教材遵循“岗课赛证”融通原则，依据以就业为重心、以能力为中心、以实务为核心的职业教育规律编写而成。其中以酒店、旅游景区、文化创意、广告等文化旅游企业的出纳岗位在转型和发展过程中的实际工作内容为基础，编写了 18 个工作情境，包括出纳及工作任务、出纳职业素养、数码字书写、货币识别、数字人民币、货币清点、现金收支业务核算、现金保管和清查、金融体系、银行账户、借记卡、信用卡、网上银行、支票、商业承兑汇票、银行承兑汇票、第三方支付和条码支付业务。

本教材采用“专业理论＋工作实操”的编写体例，专业理论下设“工作目标”“工作背景”“工作用具”“工作内容”等模块，工作实操下设“工作场景”“工作建议”“工作实务”“工作误区”“工作任务”等模块。这样的编写体例既方便教师开展教学，又提高了学生对出纳知识、素养技能和竞赛的学习主动性。本教材根据教学需要附加二维码，学生通过扫码可拓展岗位工作内容、巩固专业知识、强化职业技能。

本教材编写历时两年，可与职教云、超星学习通等在线课程建设平台配套使用，有丰富的教学视频、PPT 课件、题库等资源。本教材可作为普通高等院校（高职高专、应用型本科）、成人高校、民办高校大数据与会计专业的通用教材及其他相关专业的教材，也可作为智慧金融技能竞赛的辅导用书，还可供中高职一体化学生使用，并可作为社会从业人士的业务参考用书，是一本操作性强的新形态教材。

李　冬

2023 年 6 月

目　录

班级		姓名		学号	

工作情境1　出纳及工作任务

【工作目标】

1. 知识与技能目标：熟悉出纳工作的岗位职责，准确执行出纳的工作流程，规范使用出纳岗位的常见票据。

2. 情感与态度目标：以“见贤思齐焉，见不贤而内自省也”为价值观导向，培养团队合作精神，树立文明服务的理念。

【工作背景】

在我国，有文字可考的“会计”一词始于周朝，当时设有专门核算官方财赋收支的官职——司会，进行“月计岁会”，零星算之为计，总合算之为会。在西汉还出现了“计簿”或“簿书”的账册，各朝代都设有官吏管理钱粮、赋税和财物的收支。宋朝办理钱粮报销或移交时编造的报表称为“四柱清册”，通过“旧管（期初结存）＋新收（本期收入）＝开除（本期支出）＋实在（期末结存）”的平衡公式进行结账，这是中国会计学科发展过程中的一个重大成就。

【工作用具】

空白凭证、黑笔、红笔。

【工作内容】

一、出纳的概念

情境 1-1 出纳及其工作任务

“出纳”，可以理解为岗位、工作、人员，在不同场合有着不同含义。

(一)出纳岗位

“出”即支出,“纳”即收入。出纳岗位主要包括货币资金收付、票据签发和有价证券保管等。具体地讲,出纳是按照有关规定和制度,办理本单位的现金收付、银行结算及有关账务,同时还要负责保管库存现金、有价证券、财务印章及有关票据等岗位的总称。

(二)出纳工作

出纳工作有广义与狭义之分。从狭义上来说,出纳工作仅指各单位会计部门专设的出纳岗位或人员的各项工作。从广义上来说,凡是票据、货币资金和有价证券的收付、保管、核算,都属于出纳工作。

具体来讲,出纳工作内容主要包括货币资金的收支与记录、往来结算、工资核算和货币资金收支的监督等。

(三)出纳人员

出纳人员既包括会计部门的出纳工作人员,也包括业务部门的各类收款员(收银员)。从工作内容、方法、要求以及他们本身应具备的素质等方面来看,收款员(收银员)与会计部门的专职出纳人员有相似之处。

二、出纳与收银的异同

(一)收银员的工作职责

(1)每日按规定时间到公司出纳处交清前一天的营业款项及报表。

(2)按时到岗,备足营业用零钞、发票,做好营业前的准备及清洁工作。

(3)认真识别现金真伪,发现假钞应立即退还。

(4)认真填写营业后的交款单据,须做到账物相符。

(二)收银员和出纳人员的共同点

(1)直接与货币打交道。主要工作都是办理货币资金和各种票据的收付,保证经手的货币资金和票据的安全性与完整性,并负责填制和审核相关的原始凭证。

(2)需要具备过硬的出纳业务知识、良好的财经法纪素养和职业道德修养。

(三)收银员和出纳人员的不同点

(1)收银员一般工作在经济活动的第一线,负责各种票据和货币资金的收入,特别是货币资金的收入通常是由他们经手后再转交给专职出纳人员。

(2)收银员一般只负责款项的收入、保管、核对与上交,而不用专门设置账户进行会计核算。

收银员是出纳(会计)机构的派出人员,是各单位出纳队伍中的一员,其工作是整个出纳工作的一部分。

三、出纳的岗位职责

出纳的工作任务涉及企业的现金收付、银行结算等活动,直接关系到个人、单位乃至国家的经济利益。因此,明确出纳人员的职责和权限,是做好出纳工作的首要条件。《中华人民共和国会计法》(以下简称《会计法》)、《会计基础工作规范》等法规明确规定了出纳人员的岗位职责。

(一)现金出纳岗位职责

(1)熟练掌握会计核算方法、会计业务核算内容、开支标准和范围。严格执行《现金管理暂行条例》等相关规定,办理日常现金收付款业务。不得兼任收入、支出、费用、债权债务账目登记岗位;不得兼任稽核、会计档案管理岗位。

(2)严格执行备用金管理制度,不得擅自收取规定外的款项,不得用本单位账户代其他单位或个人存取现金,不得坐支现金,不得白条抵库,不得挪用现金,不得公款私存。

(3)遵守库存现金限额,当日收入的现金,必须当日送存银行,不得超过库存限额。

(4)办理收付款业务时,对已经审核签章的原始凭证,进行复核后,方可办理收付款业务。做到唱收、唱付,现金当面点清,以防差错,并认真鉴别货币真伪,防止假钞。对违反财务制度的报销事项,有权拒付。

(5)确认现金收入后,按照收入性质开具票据。妥善保管领用收据,不得转借给他人使用。对各种收付款原始凭证,加盖“现金收讫”“现金付讫”“附件”章。

(6)严格执行日清日结制度。每天业务结束,现金日记账做到日清日结。当日库存现金应与现金日记账余额核对相符,编制《库存日报表》,加盖出纳名章,注明所附原始凭证张数,提交制单人员。

(7)严格执行财务安全管理制度。前往银行提现、存现时,必须申请专车,并有两人以上同行(其中含保卫人员一名)。下班前应将现金、票据等锁存保险柜。严禁代任何部门或个人在保险柜内保管财物。如遇突发事件,及时报警。

(8)完成领导交办的其他工作。

(二)银行出纳岗位职责

(1)熟练掌握会计核算方法、会计业务核算内容、开支标准和范围。遵守中国人民银行发布的《支票管理办法》等相关规定,办理银行结算业务。

(2)不得签发空白支票、空头支票和远期支票。支票必须专户专用,不得将银行账户转借他人。银行结算起点以上的业务,均通过支票或银行本票、汇票、电子办理。

(3)按照收费管理规定办理各种收费业务，不得擅自收取规定外的款项。收到银行本票或汇票，应及时通知项目资金有关人员，办理相关手续，并按收入性质开具票据。领用的收据只限于本单位使用，妥善保管，不得转借他人使用。

(4)对已经审核签章的原始凭证，进行复核后，方可办理收付款业务。对违反财务制度的报销事项，有权拒付。

(5)对各种银行收付款项的原始凭证，须加盖“银行收讫”“银行付讫”“附件”章。

(6)购入空白支票，应及时在《支票领用登记簿》上登记支票连续号码，按顺序签发。签发支票时应正确填写签发日期、收款单位、金额、用途，对金额不能确定的项目应填写限额。在《支票领用登记簿》和支票存根上必须按项目填写齐全，并有经办人签字。支票签发后应督促经办人及时报账。

(7)收取外单位支票时，应认真审核支票的有效期、金额大小写等内容，有银行密码的支票不得遗漏密码，及时送存银行。如支票因故被银行退票，应及时通知经办人向出票单位索换。

(8)支票报销时，应及时销号，逾期未用的支票应及时收回。对更换的支票，应同存根一并更换；作废支票应加盖“作废”章与存根一并保存备查，支票遗失应及时报告主管领导并办理挂失手续。

(9)严格执行日清日结制度。每日业务结束，银行存款日记账做到日清日结。当日编制《库存日报表》，加盖出纳名章，注明所附原始凭证张数，提交制单人员。

(10)月末应在《银行存款余额调节表》上确认盖章。对未达账项必须及时清理，对清理中存在问题的款项，应及时报告主管人员。

(11)月末与财政国库直接支付账户进行核对，确保准确无误。

(12)遵守财务安全管理制度。下班前将支票、密码器等锁存保险柜。严禁代任何部门或个人在保险柜内保管财物。遇有突发事件，及时报警。

(13)完成领导交办的其他工作。

四、出纳的工作流程

出纳人员每天都要面对大量的经济业务，如果不按照一定的程序工作，就会影响工作质量。出纳首先是资金收支的基本程序，其次是账务处理程序。

(一)资金支出的基本程序

办理资金支出是出纳的一项重要业务，也是出纳最容易出问题的地方。因此，在办理资金支出时，出纳人员应时刻保持认真谨慎的工作态度，并按特定的程序进行。

1.明确支出的金额和用途

在支付任何一笔资金前，出纳人员都应该明确支出的金额、收款人和用途，而不能对其所支出的资金一概不知。

(1)明确收款人。出纳人员应严格按合同、发票或有关依据记载的收款人进行付款。

对于代为收款的,应当出具原收款人证明材料并与原收款人核实后,方可办理付款手续。

(2)明确付款金额。出纳人员应清楚准确的付款金额,以合理安排款项。

(3)明确付款用途。对于用途不明的,出纳人员可以拒付;对于不合法、不合理的付款,出纳人员应当坚决抵制,并向有关领导汇报,行使出纳人员的工作权力。

2.付款审核

付款时,出纳人员还要严格审查付款单证。付款单证是由经办人填制的,要注明付款金额和用途,并要对付款事项的真实性和准确性负责。

(1)有关证明人的签章。经办人在付款过程中,如果涉及实物,应当有仓库管理员或实物负责人的签章;如果涉及差旅、销售费用等,应当有证明人或知情人加以证明。

(2)有关领导的签字。收款人应持证明手续完备的付款单据,报有关领导审阅并签字。只有经过审批的付款单据,出纳人员才能付款。

(3)到财务部门办理付款。收款人应持内容完备的付款单据,经会计审核后,才能由出纳人员办理付款。

3.办理付款

办理付款是资金支出中最为关键的一个环节,出纳人员应当特别谨慎,严格核实付款金额、用途及有关审批手续。

(1)对于现金付款,双方应当面点清,在清点过程中如果发现短缺、假钞等情况,要由出纳人员负责。

(2)对于银行付款,在开具支票时,出纳人员应认真填写各项内容,保证要素完整、印鉴清晰、书写正确。办理转账或汇款时,出纳人员应书写准确、清晰、完整,保证收款人能按时收到款项。如果是现金支票,应附领票人的姓名、身份证号码和单位名称等。

付款金额经双方确认后,出纳人员应让收款人在付款单据上签字并加盖"付讫"章。如为转账或汇款的,银行单据可以直接作为已付款证明。在确认签字后,再发现现金短缺或其他情况,应由收款经办人负责。

4.付款退回

对于因特殊原因造成支票或汇款被退回的,出纳人员应当立即查明原因,如因出纳一方责任引起的,应换开支票或重新汇款,不得借故拖延;如因对方责任引起的,应由对方重新补办相关手续方可办理付款。

(二)资金收入的基本程序

1.明确收入金额和来源

与资金打交道是出纳人员的工作。对于每一笔资金,出纳人员不但应该清楚地知道它的来源、数额、性质,还要清楚地进行账务处理。

2.清点收入并开具票据

确定款项的来源和数目后,出纳人员还要对资金进行清点核对,清点时应仔细谨慎,并开具收据(见图1-1)。

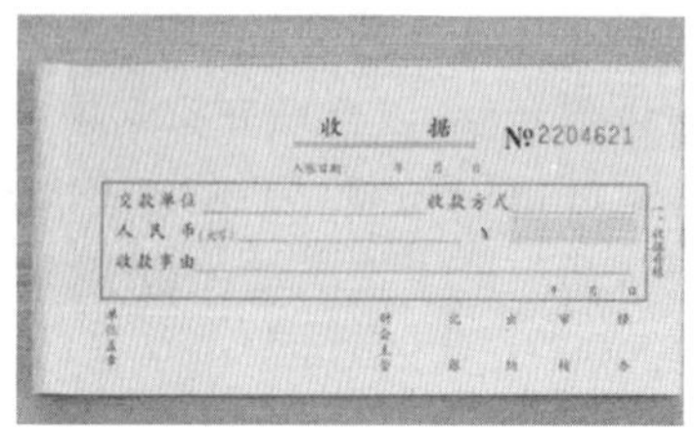
收 据 №2204621

(a) 单栏收据

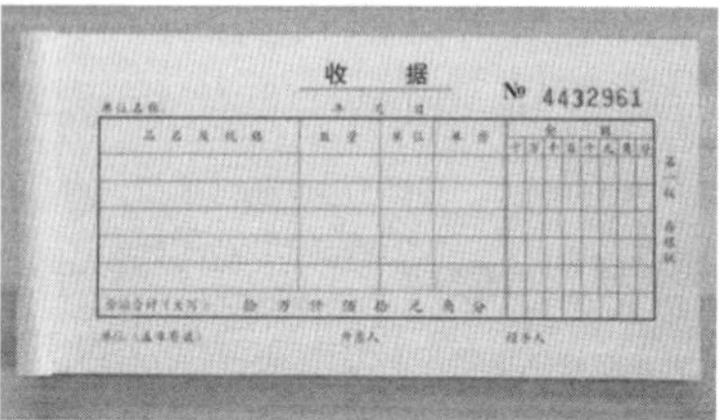
收 据 № 4432961

(b) 多栏收据

图 1-1 单栏、多栏收据

3. 收入退回

由于某些特殊原因，如支票印鉴不清、收款账号错误等导致收入退回的，应由出纳人员及时联系有关经办人和对方单位，重新办理收款。

4. 收入处理

根据规定，企业收入的现金应于当日送存开户银行，如果收进的现金是银行当天停止收款以后发生的，也应在第二天送存银行。当日送存确有困难的，由开户银行确定送存时间。

(三)出纳的账务处理程序

出纳的账务处理程序主要包括记账凭证账务处理程序、科目汇总表账务处理程序、汇总记账凭证账务处理程序、日记总账账务处理程序和多栏式日记账账务处理程序。具体如下：

(1)根据原始凭证或原始凭证汇总表填制收款凭证、付款凭证。

(2)根据收款凭证、付款凭证逐笔登记现金日记账和银行存款日记账。

(3)现金日记账的余额与库存现金要每天进行核对，要与现金总分类账进行定期核对；银行存款总账与开户银行出具的银行存款对账单要逐笔进行核对，每月至少一次，银行存款日记账的余额与银行存款总分类账要定期进行核对。

(4)根据库存现金日记账、银行存款日记账、银行存款对账单等，定期或不定期地编制出纳报告，提供出纳核算信息，如图 1-2 所示。

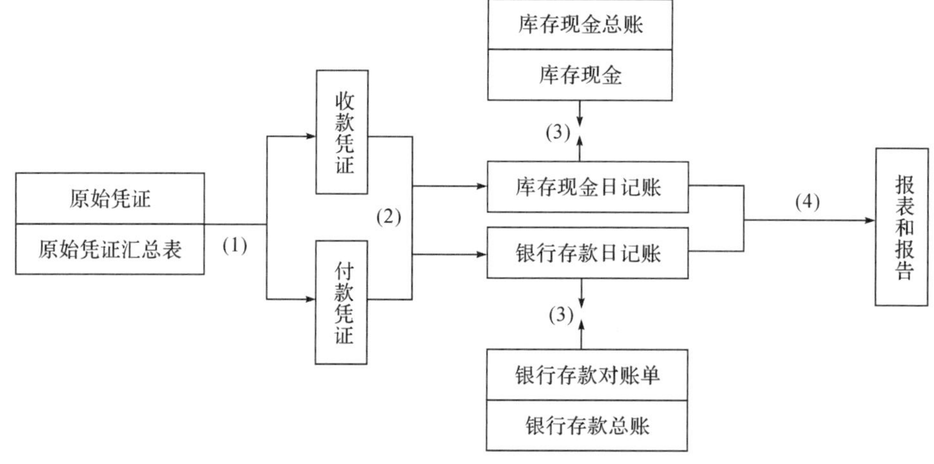

图 1-2 出纳的账务处理程序

五、出纳的注意事项

(1)在收付现金时一定要与当事人当面对清金额,最好与第三方核对后再进行收付进账。

(2)对需要报销的发票,抬头与本单位不符、大小写金额不符、涂改发票、发票上无收款单位章或收款人章、发票与支票人账方不符者,均不能接受,待补办手续后再报销。

(3)报销单据需先签字、后付款;收款单据先交款、后盖章;付款单据要盖付讫章。

(4)付款单据如由他人代领,应签代领人名字,而不得签被代领人名字;代领人如果不是本单位的职工,要注明与被代领人的关系及其联系地址。

(5)要注意加强对支票、发票和收据的保管。领用支票要设立备查登记簿,经单位主管财务领导审签后,由领用人签章。领用现金支票要在存根联上签字,以防正副联金额不符。

(6)登记银行存款日记账和现金日记账,要首先复核凭证、支票存根、附件是否一致,然后按付出支票号码顺序排列,以便查对。摘要栏应注明经办人、收款单位及支票号码。

【工作场景】

1. 出纳巧说“不”

甲、乙、丙三人同时去应聘出纳工作。面试开始,老板拿出一张白条,蛮横地让“出纳”报销。甲义正词严:“这不是正规发票,不可以报销。”乙弯腰献媚:“行,我先给您报了,然后另外找发票补上。”丙一言不发,只在一张便笺纸上写了几个字,递给老板,然后走了出去。老板看后也随即出门。

一周之后,人事部经理通知丙被正式录取。有好事者去找老板问究竟。老板说:“甲只会办事不会处世;乙只会处世不会办事;丙会办事、处世。”

原来,丙私下里不但对老板讲明了白条不能使用的原因和后果,而且还提出了进行合法处理的技术意见。丙既坚持了原则,又提出了不违法违规的解决办法,还给老板保留了面子,表现出了良好的沟通能力和业务能力,当然是用人单位需要的人选。

- **工作建议**

____

____

____

____

____

____

2.旅游酒店业的资金管理

某宾馆位于上海市宝山区,主要设施有客房 80 套,达到四星级标准,还有咖啡馆、游泳馆、保龄球馆、高尔夫球场、桑拿馆及屋顶网球场等娱乐设施。该宾馆共有职工 156 人,主要设置了以下组织机构:总经理办公室、销售部、招商部、客房部、娱乐部、财务部、后勤保安部和工程部。

该宾馆的会计制度如下:

(1)财务部人员组成:财务经理 1 人、会计 2 人、出纳 1 人。

(2)会计核算流程:各部门指定人员负责收集该部门每天的原始凭证,在各自的前台汇集,由前台收银员编制部门日报表,结算当日部门总的营业金额。各部门的日报表在当日工作结束时交于财务部,由会计入账。

(3)内部控制情况:

①采用宾馆专用会计软件,1 人制单、1 人复核并保管印鉴、1 人收付款并保管支票、1 人记账并编制报表,实行会计电算化管理。

②资金的大额报销要由总经理签字。

③每天营业结束时进行现金盘点,直接存入银行,保留库存现金 2000 元。

问题:

(1)请指出此宾馆在货币资金管理中的可取之处。

(2)请指出此宾馆在货币资金管理中存在的问题。

- **工作建议**

____

____

____

____

____

____

【工作任务】

1. 准备一份面试出纳岗位的自我介绍,要求 200 字左右。
2. 整理出纳所需要的常用票据清单。
3. 如果你是一名大数据与会计专业的大学生,请谈谈你的职业规划。

班级		姓名		学号	

工作情境2　出纳职业素养

【工作目标】

1. 知识与技能目标：正确掌握现金、票据及印鉴的保管要求。

2. 情感与态度目标：以精益求精的态度为价值观导向，培养诚实守信的基本职业操守，树立规范服务的意识。

【工作背景】

自古以来，我国就有尊崇和弘扬工匠精神的传统。欧阳修在《卖油翁》中有这样的描述：

> 陈康肃公善射，当世无双，公亦以此自矜。尝射于家圃，有卖油翁释担而立，睨之久而不去。见其发矢十中八九，但微颔之。康肃问曰："汝亦知射乎？吾射不亦精乎？"翁曰："无他，但手熟尔。"康肃忿然曰："尔安敢轻吾射！"翁曰："以我酌油知之。"乃取一葫芦置于地，以钱覆其口，徐以杓酌油沥之，自钱孔入而钱不湿，因曰："我亦无他，惟手熟尔。"康肃笑而遣之。

《诗经》中的"如切如磋，如琢如磨"，反映的就是古代工匠在雕琢器物时执着专注的工作态度。"庖丁解牛""巧夺天工""匠心独运""技近乎道"……经过千年岁月洗礼，这种精益求精的精神品质早已融入中华民族的文化血液。

【工作用具】

出纳工作场所。

【工作内容】

素养是个体在社会生活中思想与行为的具体表现，一般定义为个体文化水平、洞察能力、管理能力及其职业技能所达级别的综合体现。职业素养是劳动者对社会职业了解与适应的一种综合体现，其主要表现在职业兴趣、职业能力、职业个性及职业情况等方面。

良好的职业素养包含了良好的职业道德、扎实的职业技能、正面积极的职业心态和正确的职业价值观意识，是一个成功的职业人必须具备的核心素质。

一、职业道德

情境 2-1 出纳职业素养

（一）爱岗敬业

出纳人员应当热爱本职工作，努力钻研业务，使自己的知识和技能适应所从事工作的要求。基本要求：①热爱会计工作，敬重会计职业；②严肃认真，一丝不苟；③忠于职守，尽职尽责。

（二）诚实守信

诚实守信是出纳人员的基本道德素养。诚实是指言行跟内心思想一致，不弄虚作假，不欺上瞒下，做老实人、说老实话、办老实事。信，即信用。守，是指遵循、依照。守信就是遵守自己所作出的承诺，讲信用、重信用、信守诺言、保守秘密。基本要求：①做老实人，说老实话，办老实事，不搞虚假；②实事求是，如实反映；③保守秘密，不为利益所诱惑；④执业谨慎，信誉至上。

（三）廉洁自律

要求出纳人员公私分明、不贪不占、遵纪守法、清正廉洁。基本要求：①树立正确的人生观和价值观；②公私分明，不贪不占。

（四）客观公正

要求出纳人员在办理会计事务中，应当实事求是，客观公正。基本要求：①依法办事；②实事求是，不偏不倚；③保持独立性。

（五）坚持准则

要求出纳人员熟悉国家法律、法规和国家统一的会计制度，始终坚持按法律、法规和国家统一的会计制度的要求进行会计核算，实施会计监督。基本要求：①熟悉准则；②遵循准则；③坚持准则。

（六）提高技能

要求出纳人员增强提高专业技能的自觉性和紧迫感，勤学苦练，不断进取，提高业务水平。基本要求：①要有不断提高会计专业技能的意识和愿望；②要有勤学苦练的精神和科学的学习方法。

(七)参与管理

要求出纳人员在做好本职工作的同时,努力钻研相关业务,全面熟悉本单位的经营活动和业务流程,主动提出合理化建议,协助领导决策,积极参与管理。基本要求:①努力钻研业务,熟悉财经法规和相关制度,提高业务技能,为参与管理夯实基础;②熟悉服务对象的经营活动和业务流程,使参与管理的决策更具针对性和有效性。

(八)强化服务

要求出纳人员树立服务意识,提高服务质量,努力维护和提升出纳职业的良好社会形象。基本要求:①强化服务意识;②提高服务质量。

二、职业修养

(一)道德修养

出纳人员必须具备良好的职业道德修养,要热爱本职工作,敬业、精业;要科学理财,充分发挥资金的效益;要遵纪守法,严格监督,并且以身作则;要洁身自好,不贪、不占公家利益;要实事求是,真实客观地反映经济活动的真实面目;要注意保守机密;要竭力为本单位、为全体员工服务。

(二)政策水平

出纳工作涉及的"规矩"很多,如《会计法》及各种会计制度、现金管理制度及银行结算制度、《会计基础工作规范》、成本管理条例及费用报销制度、税收管理制度及发票管理办法,还有本单位的财务管理规定等。出纳人员如果不熟悉、不掌握这些法规和制度,就很难做好出纳工作。

所以,要做好出纳工作的重要一环是学习了解和掌握财经法规和制度,提高自己的政策水平。出纳人员要熟悉《会计法》、《中华人民共和国票据法》(以下简称《票据法》)、《中华人民共和国税收征收管理法》(以下简称《税收征收管理法》)、《中华人民共和国民法典》(以下简称《民法典》)、《中华人民共和国刑法》(以下简称《刑法》)等法律法规。

(三)业务技能

出纳工作需要很强的操作技巧。应用办公软件、票据录入、防伪、点钞等都需要深厚的基本功。作为出纳人员,不但要具备处理一般会计事务的财会专业基本知识,还要具备较高的处理出纳事务的出纳专业知识水平和较强的数字运算能力。

出纳人员的数字运算往往在结算过程中进行,要按计算结果当场开出票据或收付现金,出纳人员要有很强的数字运算能力,不管是人工计算还是借助计算器等工具进行计算，都必须具备较快的速度和较高的准确性。在快和准的关系上，出纳人员要把准确放在第一位，要准中求快。

提高出纳业务技术水平关键在手上，盲打计算器、用电脑、开票据都离不开手。而要提高手上功夫，关键又在勤，勤能生巧，巧自勤来。

另外，还要苦练汉字、阿拉伯数字的书写，使人见其字如见其人。

（四）工作作风

要做好出纳工作，首先要热爱出纳工作，要养成严谨细致的工作作风和职业习惯。作风的培养在成就事业方面至关重要。

要精力集中，有条不紊，严谨细致，沉着冷静。精力集中就是工作起来要全身心地投入，不为外界所干扰；有条不紊就是计算器具摆放整齐，账款票据存放有序，办公环境整洁有序；严谨细致就是认真仔细，做到收支计算准确无误，手续完备，不发生工作差错；沉着冷静就是在复杂的环境中随机应变，化险为夷。

（五）安全意识

现金、有价证券、票据、各种印鉴，既要有内部的保管分工，各负其责，并相互牵制，也要有对外的保安措施，从办公用房的门、抽屉、柜的锁具配置，到保险柜密码的管理，都要符合保安的要求。出纳人员既要密切配合保安部门的工作，更要增强自身的保安意识，学习保安知识，把保护自身分管的公共财产物资的安全完整作为自己的首要任务。

三、职业规范

《会计法》第 37 条规定："会计机构内部应当建立稽核制度。出纳人员不得兼任稽核、会计档案保管和收入、费用、债权债务账目的登记工作。"钱账分管原则是指凡是涉及款项和财物收付、结算及登记的任何一项工作，必须由两人或两人以上分工办理，以起到相互制约的作用。例如，现金和银行存款的支付，应由会计主管人员或其授权的代理人审核、批准，出纳人员付款，记账人员记账；发放工资，应由工资核算人员编制工资单，出纳人员向银行提取现金和分发工资，记账人员记账。实行钱账分管，主要是为了加强会计人员相互制约、相互监督、相互核对，提高会计核算质量，防止工作误差和营私舞弊等行为。

出纳人员是各单位专门从事货币资金收付业务的会计人员，根据复式记账原则，每发生一笔货币资金收付业务，必然引起收入、费用或债权、债务等账簿记录的变化，或者说每发生一笔货币资金收付业务都要登记收入、费用或债权、债务等有关账簿，如果将这些账簿登记工作都交由出纳人员办理，将会给贪污舞弊行为以可乘之机。如果稽核、内部档案保管工作也由出纳员经管，则难以防止利用抽换单据、涂改记录等手段进行舞弊的行为。

当然，出纳人员不是完全不能记账，只要所记的账不是收入、费用、债权、债务方面的账目，是可以承担一部分记账工作的。总之，钱账分管原则是出纳工作的一项重要原则，各单位都应建立健全这一制度，防止营私舞弊行为的发生，维护国家和单位财产的安全。

【工作场景】

1. 抽屉要不要及时关闭?

光明旅行社出纳员小王正在清点现金,经理让他到隔壁的办公室取票据。本以为两三分钟就回来,小王便将钱放入抽屉,但没加锁。大约 6 分钟后,小王返回办公室,发现抽屉里的现金没了,附近也没有人。结果,小王只能自己承担赔偿责任。

这是个典型的失窃案例。作为出纳人员,我们必须时刻保持警觉,采取有效的防范措施,不给任何人产生邪念的机会。

- **工作建议**

____

____

____

____

____

____

2. 出纳工作失误是谁的责任?

刘女士原系某旅游文化传播有限公司的员工。某年 5 月,刘女士向公司提出辞职,双方因此终止劳动关系。同年 8 月,因公司出纳人员一时疏忽,不慎将 1174.17 元作为刘女士 7 月份的工资打入她的工资卡内。一个月后,公司发现这一情况,与刘女士联系,要求返还误打入的工资,但刘女士以工资卡已遗失为由拒绝返还钱款。无奈之下,公司诉至法院要求刘女士返还不当得利人民币 1174.17 元。同年 11 月 13 日,上海嘉定区人民法院对该起不当得利案件作出一审判决,责令刘女士在判决生效之日起 10 日内归还原告某旅游文化传播有限公司人民币 1174.17 元。

此案是由于出纳人员在处理业务时,因工作失误给公司造成了损失。因此出纳人员在工作过程中讲究速度的时候,一定不能忘记要保证准确性。

- **工作建议**

____

____

____

____

____

____

3. 出纳人员打赏女主播上千万元

上海某广告公司26岁出纳人员小L于2017年初在某直播平台喜欢上了一位唱歌的女主播。平台定期举办的“打榜”活动让小L多次为喜欢的女主播疯狂打钱。

这样的消费对于小L来说，出纳的工资如杯水车薪，于是小L动起了挪用公款的歪脑筋。凭借日常工作接触公司财务的便利，小L钻了空子，因为平时公司会计员之间会互相借U盾，小L知道会计U盾的密码。小L先使用自己保管的U盾制单，然后趁会计人员不在的时候偷拿会计人员放在抽屉里的U盾完成审核出钱，将公司账户的钱转入个人银行账户。而本来想挪点小钱日后还给公司的小L，没想到数额像滚雪球越滚越大，不知不觉就挪用了1000多万元。事后，小L想通过炒股补漏洞，又挪用了700多万元，挪用总额近2000万元。

- **工作建议**

____

____

____

____

____

____

4. 出纳的彩票发财梦

包某大学毕业后进入内蒙古一家国有合资公司工作，担任该公司及所有子公司的出纳员，负责银行账户的日常收付款、资金日报、收付款单据的录入等。

任职初期，包某经常主动承担工作，在同事眼中是个踏实、勤奋的人。几个月后，包某迷恋上了买彩票，很快成了一名专业“彩民”。然而，中奖所得和投入的金额相比有着巨大的差距，一个月几千元的工资已不能满足包某购买彩票的需求，他开始向亲朋好友借钱。他利用公司对审核U盾管理不严的漏洞，私自使用存放在财务经理处的审核U盾，将公司账户上的资金转移到其个人银行账户。在转移了500余万元后，为了逃避检查，包某开始大量转移公司承兑汇票，使用审核U盾进行审批后将公司收到的承兑汇票背书转给贴现公司，贴现公司扣除手续费后将贴现款转到包某的个人银行账户。就这样，一笔笔资金流入了包某那个永远也填不满的无底洞。

为掩盖公司账目问题，包某用后转移的资金归还之前转移的即将到期的承兑汇票。一次次地伸手，一次次地安全“着陆”，包某开始在网上赌博、打赏平台主播、购买住宅和豪车等，最终因职务侵占罪、诈骗罪被判处有期徒刑19年6个月。

- 工作建议

____

____

____

____

____

____

【工作任务】

1. 了解出纳人员的基本规范。
2. 搜集新中国十大劳模故事。
3. 学习财政部2023年1月印发的《会计人员职业道德规范》(财会〔2023〕1号)。

班级		姓名		学号	

工作情境3　数码字书写

【工作目标】

1. 知识与技能目标：熟练掌握数码字大小写的书写规范，熟练掌握小键盘录入数字的操作技能。

2. 情感与态度目标：培养严谨务实、勤学苦练的工作态度，努力提升出纳的良好社会形象。

【工作背景】

公元3世纪，古印度的一位科学家巴格达发明了阿拉伯数字。最早的计数目大概至多到“3”，为了要设想“4”这个数字，就必须把2和2加起来，“5”是2加2加1，“3”这个数字是由2加1得来的，较晚才出现了用五指表示“5”这个数字和用双手的十指表示10。这个原则实际也是数学计算的基础。罗马的计数只有到Ⅴ（即5）的数字，Ⅹ（即10）以内的数字则由Ⅴ（5）和其他数字组合而来。Ⅹ是两个Ⅴ的组合，同一数字符号根据它与其他数字符号的位置关系而具有不同的量。这样就开始有了数字位置的概念，在数学上这个重要的贡献应归于两河流域的古代居民，后来古鳊人在这个基础上加以改进，并发明了表达数字的1,2,3,4,5,6,7,8,9,0十个符号，这就成为记数的基础。

公元700年前后，阿拉伯人征服了旁遮普地区，他们惊讶地发现：被征服地区的数学比他们先进。于是他们设法吸收这些数字。公元771年，印度北部的数学家被抓到了阿拉伯的巴格达，被迫向当地人传授新的数学符号和体系，以及印度式的计算方法（印度计算法）。由于印度数字和印度计数法既简单又方便，其优点远远超过了其他的计算法，阿拉伯的学者们很愿意学习这些先进知识，商人们也乐于采用这种方法去做生意。

后来，阿拉伯人把这种数字传入西班牙。公元10世纪，这种数字又由教皇热尔贝·奥里亚克传到欧洲其他国家。公元1200年左右，欧洲的学者正式采用了这些符号和体系。十个数字符号后来由阿拉伯人传入欧洲，被欧洲人称为阿拉伯数字。由于采用计数的十位法，加上阿拉伯数字本身笔画简单，写起来方便，看起来清楚，特别是用来笔算时，演算很便利。因此随着历史的发展，阿拉伯数字逐渐在各国流行起来，成为世界各国通用的数字（见表 3-1）。13—14 世纪间，阿拉伯数字由伊斯兰教徒带入中国，但未成功。明末清初，中国学者开始大量翻译西方的数学著作，但是书中的阿拉伯数字都被翻译为汉字数字。阿拉伯数字在中国最早使用是在清光绪元年（1875 年），《笔算数学》对引进的阿拉伯数字作了介绍并使用。

表 3-1 阿拉伯数字和罗马数字

阿拉伯数字	罗马数字	阿拉伯数字	罗马数字	阿拉伯数字	罗马数字
1	I	14	XIV	39	XXXIX
2	II	15	XV	40	XL
3	III	16	XVI	50	L
4	IV	17	XVII	51	LI
5	V	18	XVIII	55	LV
6	VI	19	XIX	60	LX
7	VII	20	XX	65	LXV
8	VIII	21	XXI	80	LXXX
9	IX	22	XXII	90	XC
10	X	29	XXIX	93	XCIII
11	XI	30	XXX	95	XCV
12	XII	34	XXXIV	98	XCVIII
13	XIII	35	XXXV	99	XCIV

【工作用具】

签字笔、铅笔、橡皮、固体胶、回形针、纸质单据若干。

【工作内容】

数码字书写与订正是从事出纳工作的基本技能。出纳工作需要填制凭证、登记账簿、结账及对账，这些都需要书写大量的数码字，进行规范的数码字书写是出纳人员必须掌握的重要基本功。正确的握笔姿势如图 3-1 所示。

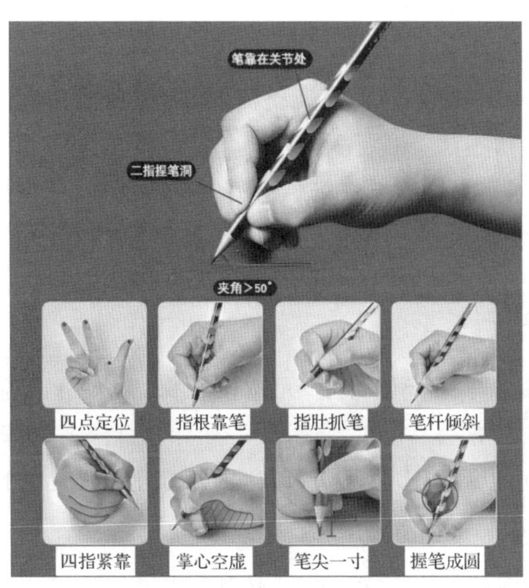

图 3-1　正确的握笔姿势

出纳工作中常用的数码字有两种：①阿拉伯数码字；②中文大写数码字及数位名称字专用汉字。

一、阿拉伯数码字的书写

情境 3-1 数码字书写

(一)阿拉伯数码字的书写要求

1. 倾斜书写

阿拉伯数码字笔画简单，笔势缺少变化，一般不要求像文字那样端正书写。书写时一般要求数码字上端向右倾斜，以 60°左右的水平倾斜角为宜。一组数码字的书写，应保持各个数码字的倾斜度一致，自然美观。

2. 字位适当

(1)高度适当。数码字高度一般要求占全格的 1/2 为宜，最多不要超过 2/3。过大可能会造成数码字交叉模糊，过小可能会因不清晰而影响阅读。数码字的书写要紧贴格子底线，不应悬在格子的中间，除 6、7、9 外，其他数码字应高低一致。“6”的上端可以比其他数码字高出 1/4，“7”和“9”的下端可以比其他数码字伸出 1/4，但不得超过 1/3。

(2)左右位置适当。要求每个数码字的中部大体位于格距的 1/2 的两条对角线交点上，不宜过于靠左或靠右。

(3)间距适当。每个数码字要大小一致，排列应保持相等距离，上下左右要对齐。在印有数位线(或称金额线)的凭证、账簿、报表上，每一格只写一个数码字，不得几个数码字挤在一个格子里，也不得在数码字中间留有空格。如果没有数位线，则数码字的整数部分,可以从小数点向左按“三位一节”用撇节号“,”(或称千分撇、分位点)分开,以便于读数、分清大小和汇总计算。

(4)字迹工整。数码字规范书写,应工整流畅、匀称美观、一目了然,切忌潦草、连笔、模糊,以免似是而非、分辨不清、贻误工作。

(5)保持特色。数码字书写时要在符合书写规范的前提下,保持本人的独特字体和特色习惯,使别人难以模仿或涂改。

(二)数码金额的书写

一般要求数码金额书写到分位为止,元位以下保留角、分两位小数,对分以下的厘、毫、丝、息采用四舍五入的方法。但少数情况下,如计算百分率、折旧率、加权平均单价、单位成本及分配率等,也可以采用多位小数,以达到计算比较准确的目的。

1. 印有数位线(金额线)的数码字书写

一般来说,凭证和账簿已印好数位线,必须逐格顺序书写,“角”“分”栏金额齐全,如图 3-2 所示。

收入金额							
十	万	千	百	十	元	角	分
		3	6	7	8		
				5	7	1	
				5	7	1	—

(a) 错误书写

收入金额							
十	万	千	百	十	元	角	分
		3	6	7	8	0	0
		3	6	7	8	—	—
				5	7	1	0

(b) 正确书写

图 3-2 印有数位线(金额线)的数码字书写

如果“角”“分”栏无金额,应该以“0”补位,也可在格子的中间画一短横线代替。

如果金额有角无分,则应在分位上补写“0”,不能用“—”代替。

2. 没有数位线(金额线)的数码字书写

如果没有角分,仍应在元位后的小数点“.”后补写“00”或画一短横线。正确的书写是“¥176.00”或者“¥176.—”。

如果金额有角无分,则应在分位上补写“0”。正确书写是“¥1490.80”,而不是

“¥1490.8”或者“¥1490.8—”。

3.合理运用货币币种符号

人民币符号为¥。书写顺序为:先写大写字母“Y”,再在竖划上加上二横,即为“¥”。在表格中用阿拉伯数字逐位填写金额时,在金额首位之前加一个“¥”符号,既可防止在金额前添加数字,又可表明是人民币的金额数量。由于“¥”本身表示人民币的单位“元”,所以,凡是在金额前加了“¥”符号的,金额后就不需要再加“元”字。

阿拉伯金额数字前面应当书写货币币种符号或者货币名称简写。币种符号与阿拉伯金额数字之间不得留有空白。正确的书写是“¥787.09”,而不是“¥ 787.09”。凡阿拉伯数字前写有币种符号的,数字后面不再写货币单位。印有“人民币”三个字的,不可再写“¥”符号,但在金额末尾应加写“元”字。正确的书写是“人民币 889.78 元”,而不是“¥889.78 元”或“人民币¥889.78 元”。

二、中文大写数码字的书写及要求

中文大写数码字主要用于支票、汇票、本票、发票等重要票据,中文大写数码字庄重、笔画繁多、可防篡改,有利于避免混淆和经济损失。

中文大写数码字书写时应注意以下几点。

(1)中文大写数码字是由数字和数位名称两部分组成的,两者缺一不可。数字包括零、壹、贰、叁、肆、伍、陆、柒、捌、玖;数位名称包括拾、佰、仟、万、亿、圆(元)、角、分、整等。数字和数位名称一定要规范用字,切不可自造字,以防篡改。

(2)大写金额货币前须冠货币名称。有固定格式的重要单证,大写金额栏一般会印有“人民币”字样,数字须紧连在“人民币”后面书写,在“人民币”与数字之间不得留有空位。大写金额栏没有印有“人民币”字样的,应加填“人民币”三字。若为外币,则需冠外币名称,如美元、欧元、日元等。如¥46.18 写作人民币肆拾陆元壹角捌分。

(3)有关“零”的写法。遇到空位汉字大写金额要写“零”字,遇到两个或以上的“0”连在一起时,只需填写一个“零”字即可。如¥305.76 写成人民币叁佰零伍元柒角陆分;¥3005.76 写成人民币叁仟零伍元柒角陆分;¥350.76 写成人民币叁佰伍拾元柒角陆分或叁佰伍拾元零柒角陆分;¥350.06 写成人民币叁佰伍拾元零陆分。

(4)整数收尾。没有角、分时,须加“整”字样。如¥200.00 写成人民币贰佰元整;¥210.00 写成人民币贰佰壹拾元整。

(5)壹拾几的“壹”字不得漏写。如¥15.00 写成人民币壹拾伍元整,不可写成人民币拾伍元整;¥130000.00 写成人民币壹拾叁万元整,不可写成人民币拾叁万元整。

(6)中文大写数字不能漏写或错写,否则必须重新填写凭据。

三、数码字书写错误的订正方法

出纳人员审核财务资料时，若发现数码字书写错误，切忌刮擦（也不可用胶带贴掉）、挖补、涂改，或使用褪色药剂和涂改液等，而是应该按照规定的方法进行订正。

（一）原始凭证中数码字书写错误的订正方法

审核原始凭证，发现数码字金额书写出现错误时，根据有关规定，不得更改，只能由原始凭证开出单位重开。

（二）记账凭证中数码字书写错误的订正方法

如果记账凭证没有审核就发现数码字书写错误，则可直接作废，重新填写。

如果记账凭证经过审核但未登记账簿，发现数码字书写错误，则应经审核人员同意后记账凭证作废，重新填写。

如果记账凭证已经过审核并登记入账后，发现数码字书写错误（会计科目和记账方向均正确），应采用红字更正法或补充登记法进行订正。

1. 红字更正法

记账凭证所记录的内容登记入账后，发现记账凭证中应借、应贷的会计科目和记账方向都正确，记账凭证和账簿记录的金额也吻合，只是所记金额大于应记金额，应采用红字更正法。更正的方法是将多记的金额用红字填制一张与原错误记账凭证所记载的借贷方向、应借应贷会计科目相同的记账凭证，并据以登记入账，以冲销多记金额，得到正确金额。

2. 补充登记法

记账凭证所记录的内容登记入账后，发现记账凭证中应借、应贷的会计科目和记账方向都正确，记账凭证和账簿记录的金额也吻合，只是所记金额小于应记金额，应采用补充登记法。更正的方法是将少记的金额用蓝字或黑字填制一张与原错误记账凭证所记载的借贷方向、应借应贷会计科目相同的记账凭证，并据以登记入账，以补记少记金额，得到正确金额。

（三）账簿中数码字书写错误的订正方法

账簿记录中数码字书写错误时，应采用画线更正法。即先用红笔将错误数字从头加一道横线完全画掉，然后再将正确数字写在上方，并加盖订正人的图章，以示负责。画掉的一定是一个完整的数字，不准只改一半，更不准在原数字上涂改其中一个字码，以免混淆不清。只要部分数字写错，哪怕只有一个数码字写错，也要把全部数字画线。一个结果最多只能修改两次。

【工作误区】

1. 小写金额为6500元

正确写法:人民币陆仟伍佰元整。

错误写法:人民币:陆仟伍佰元整。

错误原因:"人民币"后面多一个冒号。

2. 小写金额为105000.00元

正确写法:人民币壹拾万伍仟元整,或人民币壹拾万零伍仟元整。

错误写法:人民币拾万伍仟元整。

错误原因:漏记"壹"字。

3. 小写金额为60036000.00元

正确写法:人民币陆仟零叁万陆仟元整。

错误写法:人民币陆仟万零叁万陆仟元整。

错误原因:多写一个"万"字。

4. 小写金额为35000.96元

正确写法:人民币叁万伍仟元零玖角陆分。

错误写法:人民币叁万伍仟零玖角陆分。

错误原因:漏写一个"元"字。

5. 小写金额为150001.00元

正确写法:人民币壹拾伍万零壹元整。

错误写法:人民币壹拾伍万元另壹元整。

错误原因:将"零"写成"另",多出一个"元"字。

【工作任务】

1. 和同学组队,交流以下数码字的书写规范。

"0"字书写:紧贴底线,圆要闭合,不宜过小,否则易被改为"9"字;几个"0"连写时,不要写连接线。

"1"字书写:要斜直,不能比其他数字短,否则易被改成"4""6""7""9"等字。

"2"字书写:不能写成"Z",落笔应紧贴底线,否则易被改成"3"字。

"3"字书写:拐弯处光滑流畅,起笔处至拐弯处距离稍长,不宜过短,否则易被改成"5"字。

"4"字书写:"∠"角要死折,即竖要斜写,横要平直且长,否则易被改成"6"字。

"5"字书写:横、钩必须明显,不可拖泥带水,否则易被改成或混淆成"8"字。

"6"字书写:起笔处在上半格的1/4处,下圆要明显,否则易被改成"4""8"字。

"7"字书写:横要平直明显(即稍长),竖稍斜,拐弯处不能圆滑,否则易与"1""9"字相混淆。

“8”字书写:上下两个圆要明显可见。

“9”字书写:上部的小圆要闭合,不留间隙,并且一竖稍长,略微出底线,否则易与“4”字混淆。

2.根据书写规范,练习数码字的书写。要求:

(1)实训由1人独立完成。

(2)实训时间至少1小时。

(3)实训用具为红笔、黑笔。

班级		姓名		学号	

工作情境4　货币识别

【工作目标】

1.知识与技能目标：了解人民币的发行历史，熟悉掌握残破人民币的兑换标准和方法。

2.情感与态度目标：培养坚持准则、客观公正的工作态度，培养爱护人民币的情感。

【工作背景】

1947年7月，刘邓大军强渡黄河，挺进大别山，解放战争转入战略进攻阶段，各解放区之间的贸易往来和物资交流日益频繁。几大解放区的银行发行的货币不统一，造成多种货币混合流通的局面，交易时要按照比价进行折算，严重影响了生产流通和经济交往的顺利进行。

1948年12月1日，华北人民政府发布第四号公告，决定将华北银行、北海银行、西北农民银行合并为中国人民银行，并同时发行人民币(当时称为“新币”)，定为华北、华东、西北三区的本位货币，统一流通。当时的军队称人民解放军，解放区政府称人民政府，且这种货币是由中国人民银行发行的，是新中国人民自己的货币，所以当时被定名为“人民币”。

1949年初，中国人民银行总行迁至北平(今北京)，各省、自治区、直辖市相继成立分行，1951年底，人民币成为中国唯一合法货币，在除台湾、西藏以外的全国范围流通。

【工作用具】

第五套人民币2015年版100元、2019年版50元、2019年版20元、2019年版10元、2020年版5元、2019年版1元；硬币1元、5角、1角。

【工作内容】

情境 4-1 货币识别

一、人民币及其发行主体

(一)人民币概述

中华人民共和国的法定货币是人民币。以人民币支付中华人民共和国境内的一切公共的和私人的债务,任何单位和个人不得拒收。

人民币的单位为元,人民币辅币单位为角、分。

人民币由中国人民银行统一印制、发行。中国人民银行发行新版人民币,应当将发行时间、面额、图案、式样、规格予以公告。

禁止伪造、变造人民币。禁止出售、购买伪造、变造的人民币。禁止运输、持有、使用伪造、变造的人民币。禁止故意毁损人民币。禁止在宣传品、出版物或者其他商品上非法使用人民币图样。

任何单位和个人不得印制、发售代币票券,以代替人民币在市场上流通。

残缺、污损的人民币,按照中国人民银行的规定兑换,并由中国人民银行负责收回、销毁。

(二)人民币的发行主体及其职责

中国人民银行是中华人民共和国的中央银行。中国人民银行在国务院领导下,制定和执行货币政策,防范和化解金融风险,维护金融稳定。

中国人民银行履行下列职责:

(1)发布与履行其职责有关的命令和规章;

(2)依法制定和执行货币政策;

(3)发行人民币,管理人民币流通;

(4)监督管理银行间同业拆借市场和银行间债券市场;

(5)实施外汇管理,监督管理银行间外汇市场;

(6)监督管理黄金市场;

(7)持有、管理、经营国家外汇储备、黄金储备;

(8)经理国库;

(9)维护支付、清算系统的正常运行;

(10)指导、部署金融业反洗钱工作,负责反洗钱的资金监测;

(11)负责金融业的统计、调查、分析和预测;

(12)作为国家的中央银行,从事有关的国际金融活动;

(13)国务院规定的其他职责。

(三)历史沿革

随着经济建设的发展以及人民生活水平的提升，截至 2022 年 7 月，我国已发行五套人民币，形成纸币与金属币、普通纪念币与贵金属纪念币等多品种、多系列的货币体系。第四套人民币于 2018 年 5 月 1 日起停止流通(1 角、5 角纸币和 5 角、1 元硬币除外)。目前流通的人民币，主要是 1999 年、2005 年、2015 年、2019 年、2020 年发行的第五套人民币。2022 年，数字货币已经在 APP 市场上线，在当前经济新常态下，数字货币具有积极的现实意义和深远的历史意义。

2015 年 11 月 30 日，国际货币基金组织(IMF)宣布正式将人民币纳入特别提款权(SDR)货币篮子，权重为 10.92%，决议已于 2016 年 10 月 1 日生效。

2015 年 11 月 12 日，2015 年版第五套人民币 100 元纸币发行。2019 年 8 月 30 日起，中国人民银行发行 2019 年版第五套人民币 50 元、20 元、10 元、1 元纸币和 1 元、5 角、1 角硬币。2020 年 11 月 5 日起，中国人民银行发行 2020 年版第五套人民币 5 元纸币。

二、人民币发行历史

情境 4-2 货币防伪(上)

(一)第一套人民币

1948 年 12 月 1 日，中国人民银行成立并发行第一套人民币。统一发行人民币是为迎接全国解放采取的一项重大措施，它促进了人民解放战争的全面胜利。第一套人民币于 1955 年 5 月 15 日起停止流通。由于受当时物质条件和技术条件的限制，第一套人民币的纸张质量较差。

第一套人民币共 12 种面额 62 种版别，其中 1 元纸币 2 种、5 元纸币 4 种、10 元纸币 4 种、20 元纸币 7 种、50 元纸币 7 种、100 元纸币 10 种、200 元纸币 5 种、500 元纸币 6 种、1000 元纸币 6 种、5000 元纸币 5 种、10000 元纸币 4 种、50000 元纸币 2 种(1949 年发行的正面万寿山图景 100 元券和正面列车图景 50 元券各有两种版别)，其中 50000 元、10000 元、5 元纸币票样见图 4-1、图 4-2、图 4-3。

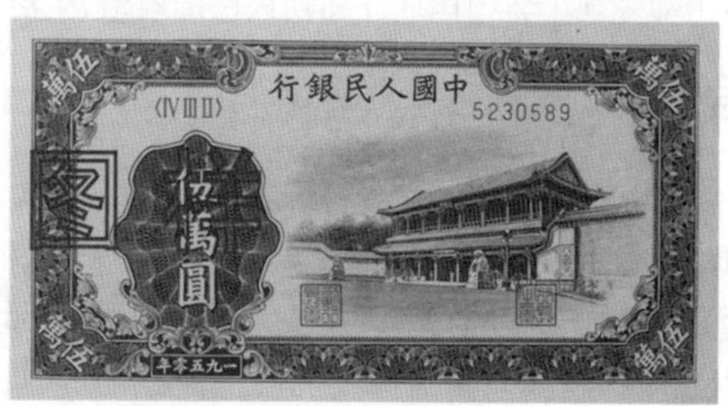

图 4-1　第一套人民币 50000 元纸币

图 4-2　第一套人民币 10000 元纸币

图 4-3　第一套人民币 5 元纸币票样

1948 年，随着人民解放战争的顺利进行，分散的各解放区迅速连成一片，为适应形势的发展，亟须一种统一的货币替代原来种类庞杂、折算不便的各解放区货币。1948 年 11 月 25 日，华北银行总行发出《关于发行中国人民银行钞票的指示信》，阐述了改革货币制度和成立中国人民银行的必要性，并对发行新币的有关工作进行了部署。1948 年 12 月 1 日，在河北省石家庄市成立了中国人民银行，同日开始发行统一的人民币。时任华北人民政府主席的董必武同志为该套人民币题写了中国人民银行行名。

中国人民银行成立当日，发行了 10 元、20 元、50 元三种面值的人民币，均为华北银行第一印刷局在南峪村印刷的。第一套人民币刚发行时还没有全国解放，因此第一套人民币中早期制版发行的品种仍用“中华民国××年”的纪年方式，而后期制版发行的版本均只采用公元纪年。统一发行人民币是为迎接全国解放采取的一项重大措施，促进了人民解放战争的全面胜利，生动表现了新中国成立初期人民的政治、生活、文化、社会百态。

(二)第二套人民币

第二套人民币于 1955 年 3 月 1 日开始发行，同时收回第一套人民币。第二套人民币和第一套人民币折合比率为 1∶10000。第二套人民币共有 1 分、2 分、5 分、1 角、2 角、5 角、1 元、2 元、3 元、5 元、10 元 11 种面额，其中 1 元券有 2 种，5 元券有 2 种，1 分、2 分和 5 分券有纸币、硬币 2 种。为便于流通，自 1957 年 12 月 1 日起发行 1 分、2 分、5 分三种硬币，与纸币等值流通。1961 年 3 月 25 日和 1962 年 4 月 20 日分别发行了黑色 1 元券和棕色 5 元券，分别对票面图案、花纹进行了调整和更换。由于大面额钞票的印刷技术要求很高，在当时情况下 3 元、5 元、10 元由苏联代印，其中 3 元和 10 元纸币票样见图 4-4 和图 4-5。

图 4-4　第二套人民币 3 元纸币票样

图 4-5　第二套人民币 10 元纸币票样

第二套人民币的设计主题思想明确，印制工艺技术先进，主辅币结构合理，图案颜色新颖。主景图案内容体现了新中国社会主义建设的风貌，表现了中国共产党革命的战斗历程和各族人民大团结的主题思想。在印制工艺上除了分币外，其他券别采用胶凹套印。第二套人民币的凹印版是以我国传统的手工雕刻方法制作的，具有独特的民族风格，其优点是版纹深、墨层厚，有较好的反假防伪功能。

(三)第三套人民币

第三套人民币于 1962 年 4 月 20 日发行，共有 1 角、2 角、5 角、1 元、2 元、5 元、10 元 7 种面额、13 种版别，其中 1 角券别有 4 种(包括 1 种硬币)，2 角、5 角、1 元有纸币、硬币 2 种。1966 年和 1967 年，先后两次对 1 角纸币进行改版，主要是增加满版水印，调整背面颜色，其中 10 元、2 角纸币票样见图 4-6、图 4-7。

图 4-6　第三套人民币 10 元纸币票样

图 4-7　第三套人民币 2 角纸币票样

第三套人民币的票面设计图案比较集中地反映了当时我国国民经济以农业为基础、以工业为主导、工农轻重并举的方针。在印制工艺上，第三套人民币继承和发扬了第二套人民币的技术传统、风格；制版过程中，精雕细刻，机器和传统手工艺相结合，图案、花纹线条精细；油墨配色合理，色彩新颖、明快；票面纸幅较小，图案美观大方。

(四)第四套人民币

为了适应经济发展的需要，进一步健全我国的货币制度，方便流通使用和交易核算，中国人民银行自 1987 年 4 月 27 日发行第四套人民币。共有 1 角、2 角、5 角、1 元、2 元、5 元、10 元、50 元、100 元 9 种面额，其中 1 角、5 角、1 元有纸币、硬币 2 种。与第三套人民币相比，增加了 50、100 元大面额人民币。为适应反假人民币工作的需要，1992 年 8 月 20 日，又发行了改版后的 30 元和 100 元券，增加了安全线，其中 1990 年版 100 元、50 元纸币票样见图 4-8、图 4-9。

图 4-8　1990 年版第四套人民币 100 元纸币票样

图 4-9　1990 年版第四套人民币 50 元纸币票样

第四套人民币在设计思想、风格和印制工艺上都有一定的创新和突破。这套人民币体现了在中国共产党领导下，我国各族人民意气风发，团结一致，建设有中国特色的社会主义的主题思想。在设计风格上，这套人民币保持和发扬了我国民族艺术传统特点，主币背面图景取材于我国名胜古迹、名山大川，背面纹饰全部采用富有我国民族特点的图案，如凤凰牡丹、仙鹤松树等。这些图景、纹饰与主景融为一体，表现出鲜明的民族风格。在印制工艺上，主景全部采用了大幅人物头像水印，雕刻工艺复杂；钞票纸分别采用了满版水印和固定人像水印，它不仅表现出线条图景，而且表现出明暗层次，工艺技术很高，进一步提高了我国印钞工艺技术水平和钞票防伪能力。

(五)第五套人民币

改革开放以来，随着社会主义市场经济持续、健康、快速发展，社会对现金的需求量也日益增大。囿于当时的条件，第四套人民币在设计、印制上存在一些不足之处，如防伪措施简单，不利于人民币反假；缺少机读性能，不利于钞票自动化处理等。

为适应经济发展和市场货币流通的要求，1999 年 10 月 1 日，中国人民银行发行第五套人民币，共有 1 角、5 角、1 元、5 元、10 元、20 元、50 元、100 元 8 种面额，100 元和 50 元纸币票样见图 4-10 和图 4-11。其中 1 角、5 角、1 元有纸币、硬币 2 种。第五套人民币根据市场流通需要，增加了 20 元面额，取消了 2 元面额，使面额结构更加合理。

图 4-10 1999 年版第五套人民币 100 元纸币票样

图 4-11 1999 年版第五套人民币 50 元纸币票样

2015 年 11 月 12 日，中国人民银行发行 2015 年版第五套人民币 100 元纸币(http://www.pbc.gov.cn/rmyh/xbrmb/index.html)，见图 4-12。

图 4-12　2015 年版第五套人民币 100 元纸币票样

情境 4-3 2015 年版第五套人民币 100 元纸币

中国人民银行于 2019 年 8 月 30 日起发行 2019 年版第五套人民币 50 元、20 元、10 元、1 元纸币，1 元、5 角、1 角硬币，其中 50 元、20 元纸币票样见图 4-13、图 4-14。

图 4-13　2019 年版第五套人民币 50 元纸币票样

图 4-14　2019 年版第五套人民币 20 元纸币

2020 年 11 月 5 日起，中国人民银行发行 2020 年版第五套人民币 5 元纸币。

第五套人民币继承了我国印制技术的传统经验，借鉴了国外钞票设计的先进技术，在防伪性能和适应货币处理现代化方面有了较大提高。第五套人民币各面额正面均采用毛泽东同志新中国成立初期的头像，底衬采用了我国著名花卉图案，背面主景图案选用富有民族特色的典型图案(如人民大会堂、布达拉宫、桂林山水等)，充分表现了我国悠久的历史和壮丽的山河，弘扬了伟大的民族文化。

情境 4-4 货币防伪(下)

三、残缺、污损人民币的兑换

为维护人民币信誉，保护国家财产安全和人民币持有人的合法权益，确保人民币正常流通，根据《中华人民共和国中国人民银行法》（以下简称《中国人民银行法》）和《中华人民共和国人民币管理条例》（以下简称《人民币管理条例》），制定了《中国人民银行残缺污损人民币兑换办法》（中国人民银行令〔2003〕第 7 号）。其中第 3 条规定："凡办理人民币存取款业务的金融机构应无偿为公众兑换残缺、污损人民币，不得拒绝兑换。"

所谓残缺、污损人民币，是指票面撕裂、损缺，或因自然磨损、侵蚀，外观、质地受损，颜色变化，图案不清晰，防伪特征受损，不宜再继续流通使用的人民币。

（一）全额兑换和半额兑换

残缺、污损人民币的兑换分为"全额""半额"两种情况：

（1）全额兑换。能辨别面额，票面剩余 3/4（含 3/4）以上，其图案、文字能按原样连接的残缺、污损人民币，金融机构应向持有人按原面额全额兑换，见图 4-15。

图 4-15　全额兑换

（2）半额兑换。能辨别面额，票面剩余 1/2（含 1/2）至 3/4 以下，其图案、文字能按原样连接的残缺、污损人民币，金融机构应向持有人按原面额的一半兑换。纸币呈正十字形缺少 1/4 的，按原面额的一半兑换，见图 4-16。

图 4-16　半额兑换

（二）其他

兑付额不足一分的，不予兑换；五分按半额兑换的，兑付二分。

金融机构在办理残缺、污损人民币兑换业务时，应向残缺、污损人民币持有人说明认定的兑换结果。不予兑换的残缺、污损人民币，应退回原持有人。

残缺、污损人民币持有人同意金融机构认定结果的，对兑换的残缺、污损人民币纸币，金融机构应当面将带有本行行名的“全额”或“半额”戳记加盖在票面上；对兑换的残缺、污损人民币硬币，金融机构应当面使用专用袋密封保管，并在袋外封签上加盖“兑换”戳记。

残缺、污损人民币持有人对金融机构认定的兑换结果有异议的，经持有人要求，金融机构应出具认定证明并退回该残缺、污损人民币。持有人可凭认定证明到中国人民银行分支机构申请鉴定，中国人民银行应自申请日起 5 个工作日内做出鉴定并出具鉴定书。持有人可持中国人民银行的鉴定书及可兑换的残缺、污损人民币到金融机构进行兑换。

金融机构应按照中国人民银行的有关规定，将兑换的残缺、污损人民币交存当地中国人民银行分支机构。

【工作场景】

1.40 袋硬币能兑换吗？

成都市民王先生只要一有空，就会带着一袋子约 20 斤重的硬币，找到家附近的银行进行兑换。“前前后后跑了数十家银行网点，有时候一次换不完，还得把剩下的拿回来，很头疼。”说起这些硬币，王先生也是一脸无奈。

王先生将 40 袋装满硬币的麻袋送到某银行。该银行工作人员清点一天发现，仅 1 元的硬币就有 9 万枚，预计全部清点完要花上一周时间。每个袋子上都标有数字，1 元、5 角、1 角的都有。据现场工作人员反映，他们工作中经常会遇到来存硬币的市民，但第一次看到这么大批量的。如此大批量的货币清点工作，肯定要耗费不少精力，但维护硬币正常流通，是银行应该履行的基本职责。

- **工作建议**

2.钱被火烧了怎么办？

杨女士经营一家蔬菜小店，因电子秤爆炸引燃旁边的食用油，压在电子秤下的零钱跟着遭殃，慌乱中她连钱带油一起捞。由于经过火烧和水泡、油泡，残币粘连得厉害。来到银行后，几名工作人员小心翼翼地掰开粘在一起的纸币，先进行初次的票面清分，再根据目测清分可全额兑换与半额兑换的钞币，然后拿纸巾吸油，并把剩余票面有可能接近 1/2 或 3/4 的，都放在残币兑换仪一一进行鉴别，从 50 元到 1 元，一张一张，一丝不苟地验过，最后确定可兑换 1336 元。

金融行业对于不宜流通的纸币有专门的标准——《不宜流通人民币：纸币(JR/T 0153—2022)》，其中明确指出：不宜流通人民币纸币是指外观、质地、防伪特征受损，变色变形，图案模糊，尺寸、重量发生变化，影响正常流通的人民币纸币，根据产生原因和存在的形式可以分为脏污、污渍、脱墨、缺失、粘贴、撕裂、拼接、变形、涂写、皱折、绵软和炭化 12 种类型。

其中，人民币纸币因受高温作用，形成票面局部炭化，有下列情形之一的，为不宜流通人民币纸币：①票面出现一处炭化，其炭化面积大于 10 平方毫米；②票面出现多处炭化，累计炭化面积大于 18 平方毫米(炭化面积大于 4 平方毫米起计入累计量)；③票面炭化面积虽未超过规定标准，但任一一处重要防伪特征被炭化的，影响防伪功能。

- **工作建议**

______

______

______

______

______

______

3. 丰县老人将 21 万元现金放家中，被水泡烂！送到银行，结果……

江苏丰县周先生急匆匆地来到丰县农商银行。他打开一个大箱子，里面全是发霉、炭化的百元面值人民币，总额在 21 万元左右，是老两口十几年来打工、种地存下的血汗钱。由于房屋潮湿、封闭，再加上没有用塑料袋装好，这些纸币破损严重。

如果按正常残损币处理，这些钱已经不能兑换，只能按照纸币毁损比例进行兑换。因为纸币霉烂较严重，给人民币的真伪鉴别带来了一定困难，而且由于时间跨度大，这些纸币兑换时还得先分版别，逐张清点核对无误后才能予以兑换。由于数量多、金额大、霉烂严重，该银行组织了多名经验丰富的工作人员对霉烂残损币进行鉴别认定，根据相关兑换办法，周先生这笔约 21 万元的霉变残币最终兑换了 195600 元。

- **工作建议**

______

______

______

______

______

______

4. 她拎着一袋虫蛀了的现金请求兑换,结果……

2021 年 10 月,家住江西省新余市的张女士发现家中有一大袋被虫蛀了的人民币。这些钱是其在乡下的母亲多年来省下来的,总计 10000 元。面对这些"破钱",老人家痛心不已,不知怎么办。张女士来到当地中国人民银行货币金银科,请求银行予以兑换。

由于大部分纸币已虫蛀、霉变,受损严重,单靠肉眼很难进行鉴别,处理难度较大。银行工作人员先小心翼翼地将纸币摊平,然后进行技术处理及仪器比对,尽可能地保证每一张残币的兑换比例最大化,减少群众的损失。经过近 3 个小时的连续工作,最终鉴定出可兑换全额、半额的人民币 88 张,共计 7550 元。

- **工作建议**

____

____

____

____

____

____

【工作误区】

误区一:只要是旧版都值钱

不少纸币收藏爱好者认为,只要是旧版人民币都很值钱。其实不然。每套人民币都有几张被称为"珍品"的特别值钱,其价格占到整套币值的七八成,而单张的其他券币与珍品相距甚远。

误区二:集全整套才值钱

能集齐整套人民币当然是每个收藏者所希望的,其价格也与单张相差很远。但这并不表示只有集齐了全套才值钱,每套人民币都有自己的"明星"币种,只要能收集到它们,同样能够"以一当十"。

误区三:越"异型"越有钱

在邮票等其他纸类的收藏品中,越是异型的品种越值钱。不少收藏爱好者以为,人民币收藏也追求这种"物以稀为贵",专挑这一类异型收藏。但人民币跟其他收藏品不一样,它首先要是真币,才有收藏价值。

【工作任务】

收集第五套人民币不同版本的纸币 100 元、50 元、20 元、10 元、5 元、1 元;硬币 1 元、5 角、1 角,并进行主要防伪特征识别。

班级		姓名		学号	

工作情境5　数字人民币

【工作目标】

1. 知识与技能目标：了解数字人民币的发行历史，熟练掌握数字人民币的收付款操作。

2. 情感与态度目标：培养与时俱进的工作态度，培养尊重不同版本人民币的情感。

【工作背景】

随着数字经济的快速发展，我国现金使用率近年来呈下降趋势，手机支付的交易笔数、金额占比逐年上升。然而，在金融服务覆盖不足的地方，公众对现金的依赖度依然较高。同时，现金管理成本较高，其设计、印制、调运、存取、鉴别、清分、回笼、销毁以及防伪反假等诸多环节需耗费大量人力、物力、财力。

【工作用具】

"数字人民币"APP。

【工作内容】

一、数字人民币的研发历史

国际清算银行(BIS)和支付与市场基础设施委员会(CPMI)两个权威国际组织联手在2018年和2019年对全球60多家中央银行进行了两次问卷调查。问卷调查内容包括各国央行在数字货币上的工作进展、研究数字货币的动机以及发行数字货币的可能性，70%的央行都表示正在参与(或将要参与)数字货币的研究。

中国人民银行通过对法定数字货币相关理论和技术的不断探索、迭代、完善，形成了现有的数字人民币模式和业务框架，主要经历了以下四个阶段。

（一）2014—2016 年

中国人民银行成立法定数字货币研究小组，启动法定数字货币相关研究工作。研究小组对法定数字货币的发行和业务运行框架、关键技术、流通环境、国际经验等进行了深入研究，形成了第一阶段法定数字货币理论成果。2016 年，中国人民银行搭建中国第一代法定数字货币概念原型，成立数字货币研究所，并于当年提出双层运营体系、M0 定位、银行账户松耦合、可控匿名等数字人民币顶层设计和基本特征。

（二）2017—2018 年

经国务院批准，中国人民银行自 2017 年底开始数字人民币研发工作，并依据资产规模和市场份额居前、技术开发力量较强等标准，选择大型商业银行、电信运营商、互联网企业作为参与研发机构。中国人民银行和参与研发机构以长期演进理念贯穿顶层设计及项目研发流程，经历开发测试、内部封闭验证和外部可控试点三大阶段，打造完善数字人民币 APP，完成兑换流通管理、互联互通、钱包生态三大主体功能建设。同时，围绕数字人民币研发框架，探索建立总体标准、业务操作标准、互联标准、钱包标准、安全标准、监管标准等较为完备的标准体系。

（三）2019—2020 年

2019 年末以来，中国人民银行遵循稳步、安全、可控、创新、实用的原则，在深圳、苏州、雄安、成都及 2022 年北京冬奥会场景开展数字人民币试点测试，用以检验理论可靠性、系统稳定性、功能可用性、流程便捷性、场景适用性和风险可控性。

2020 年 8 月，商务部印发《全面深化服务贸易创新发展试点总体方案》，在“全面深化服务贸易创新发展试点任务、具体举措及责任分工”部分提出：“在京津冀、长三角、粤港澳大湾区及中西部具备条件的试点地区开展数字人民币试点。先由深圳、成都、苏州、雄安新区等地及冬奥场景相关部门协助推进，后续视情扩大到其他地区。”目前，全面深化试点地区包括北京、天津、上海、杭州等。

自 2020 年 11 月起，增加上海、海南、长沙、西安、青岛、大连 6 个新的试点地区。数字人民币研发试点地区的选择综合考虑了国家重大发展战略、区域协调发展战略以及各地产业和经济特点等因素，目前的试点省（区、市）基本涵盖长三角、珠三角、京津冀、中部、西部、东北、西北等不同地区，有利于试验评估数字人民币在我国不同区域的应用前景。

(四)2021 年以来

截至 2021 年 6 月底，数字人民币试点场景已超 132 万个，覆盖生活缴费、餐饮服务、交通出行、购物消费、政务服务等领域。累计开立个人钱包 2087 万余个、对公钱包 351 万余个，累计交易笔数 7075 万余笔、金额约 345 亿元。在地方政府的积极参与和支持下，在一些地区开展了数字人民币红包活动，实现了不同场景的真实用户试点测试和分批次大规模集中测试，验证了数字人民币业务技术设计及系统稳定性、产品易用性和场景适用性，增进了社会公众对数字人民币设计理念的理解。

试点期间，数字人民币注重持续探索应用模式创新。它利用智能合约技术，赋予数字人民币可编程特性，提升扩展能力，促进与应用场景的深度融合。与相关手机制造商合作，研究提供包括双离线交易等功能在内的移动支付新体验。基于智能可视卡测试脱离手机的硬钱包支付模式，为弥合"数字鸿沟"提供可能。在北京冬奥组委园区内，立足科技冬奥、智慧冬奥建设，试点部署无人售货车、自助售货机、无人超市等创新应用场景，并推出支付手套、支付徽章、冬奥支付服装等可穿戴设备。试点用户普遍认为数字人民币有利于进一步提高支付效率，降低支付成本，社会公众、小微商户、企业等切实感受到了便利和普惠。

研发及试点期间，中国人民银行积极参与金融稳定理事会(FSB)、国际清算银行(BIS)、国际货币基金组织(IMF)、世界银行(WB)等国际组织多边交流，同各司法管辖区货币和财政监管部门、跨国金融机构及世界顶尖院校交流研讨法定数字货币前沿议题，并在国际组织框架下积极参与法定数字货币标准制定，共同构建国际标准体系。

二、数字人民币的特点

数字人民币是中国人民银行发行的数字形式的法定货币，由指定运营机构参与运营，以广义账户体系为基础，与实物人民币等价，具有价值特征和法偿性。

(一)数字人民币是中国人民银行发行的法定货币

一是数字人民币具备货币的价值尺度、交易媒介、价值贮藏等基本功能，与实物人民币一样是法定货币。

二是数字人民币是法定货币的数字形式。从货币发展和改革历程看，货币形态随着科技进步、经济活动发展不断演变，实物、金属铸币、纸币均是相应历史时期发展进步的产物。数字人民币的发行、流通管理机制与实物人民币一致，但以数字形式实现价值转移。

三是数字人民币是中国人民银行对公众的负债，以国家信用为支撑，具有法偿性。

（二）数字人民币采取中心化管理、双层运营

数字人民币的发行权属于国家，中国人民银行在数字人民币运营体系中处于中心地位，负责向作为指定运营机构的商业银行发行数字人民币并进行全生命周期管理，指定运营机构及相关商业机构负责向社会公众提供数字人民币的兑换和流通服务。

（三）数字人民币定位于现金类支付凭证（M0）

数字人民币将与实物人民币长期并存。数字人民币与实物人民币都是中国人民银行对公众的负债，具有同等法律地位和经济价值。数字人民币将与实物人民币并行发行，中国人民银行会对二者共同统计、协同分析、统筹管理。国际经验表明，支付手段多样化是成熟经济体的基本特征和内在需要。我国作为地域广阔、人口众多、多民族融合、区域发展差异大的大国，社会环境以及居民的支付习惯、年龄结构、安全性需求等因素决定了实物人民币具有其他支付手段不可替代的优势。只要存在对实物人民币的需求，中国人民银行就不会停止实物人民币供应或以行政命令对其进行替换。

（四）数字人民币是一种零售型央行数字货币

数字货币根据用户和用途不同可分为两类：一类是批发型央行数字货币，主要面向商业银行等机构类主体发行，多用于大额结算；另一类是零售型央行数字货币，面向公众发行并用于日常交易。各主要国家或经济体研发央行数字货币的重点各有不同，有的侧重批发交易，有的侧重零售系统效能的提高。

数字人民币是一种面向社会公众发行的零售型央行数字货币，其推出将立足国内支付系统的现代化，充分满足公众的日常支付需要，进一步提高零售支付系统的效能，降低全社会的零售支付成本。

（五）数字人民币和指定运营机构电子账户资金通用

数字人民币和指定运营机构共同构成现金类支付工具。商业银行和持牌非银行支付机构在全面持续遵守合规（包括反洗钱、反恐怖融资）及风险监管要求，且获中国人民银行认可支持的情况下，可以参与数字人民币支付服务体系，并充分发挥现有支付等基础设施作用，为客户提供数字化零售支付服务。

三、数字人民币钱包的使用

数字人民币钱包主要分为四类，如表 5-1 所示。

一类钱包的开立需要本人到运营机构现场面签，需绑定本人手机号和银行账户，需提供有效身份证件。最高可实现单笔消费、日累计消费、余额上限无限额。

二类钱包可远程开立，需验证本人有效身份证件、手机号及本人境内银行账户等信息。单笔消费最高 5 万元，日累计消费最高 10 万元，余额上限最高 50 万元。

三类钱包可远程开立，需验证本人有效身份证件、手机号等信息，无须绑定银行账户。单笔消费最高 5000 元，日累计消费最高 1 万元，余额上限最高 2 万元。

表 5-1　数字人民币钱包的类型

钱包类型		一类钱包	二类钱包	三类钱包	四类钱包
要求		手机号 本人身份证 本人银行账户 运营机构现场面签	手机号 本人身份证 本人银行账户	手机号 本人身份证	手机号
交易限制	余额上限	无	50 万元	2 万元	1 万元
	单笔支付限额上限	无	5 万元	5000 元	2000 元
	日累计支付限额上限	无	10 万元	1 万元	5000 元
	年累计支付限额上限	无	无	无	5 万元

四类钱包可远程开立，仅需验证手机号码，无须绑定银行账户，为匿名钱包。单笔消费最高 2000 元，日累计消费最高 5000 元，余额上限最高 1 万元，年累计支付限额最高 5 万元。

如果二类钱包的额度无法满足用户的支付需要，这时可以将二类钱包升级为一类钱包。升级一类钱包需要到银行办理，提供钱包服务的银行的任意网点都可以办理二类钱包升级，可以同时升级多个一类钱包，也可以将一类钱包降级为二类钱包。

在可供用户选择开通的数字钱包中，除了国有六大银行（工行、农行、中行、建行、交行、邮储银行）以外，还有招商银行、网商银行（支付宝），以及此前一直呈现灰色状态、目前图标已被"点亮"的微众银行（微信支付），如图 5-1 所示。

从页面来看，该应用分为三个板块，分别为"首页""服务""我的"。"首页"显示了商业银行提供的钱包服务，能够支持用户支付或收款。在"服务"界面，可以看到数字人民币特有的"子钱包"功能（见图 5-2）。根据应用介绍，用户在使用子钱包时，选择商户并推送子钱包，即推即用，支持免密付款。同时，子钱包做到了对用户隐私的保护，不向商户传递用户的钱包和实名信息，最大限度地保障用户的隐私安全。另外，"服务"界面还包含红包、硬件管理等功能。

在"我的"界面中，用户能够进行管理新开钱包、账号安全、设置相关等操作。

图 5-1　数字人民币钱包　　图 5-2　数字人民币子钱包

数字人民币的收付款操作：下滑收钱，上滑付钱，也可以扫描二维码完成操作，如图 5-3 所示。

图 5-3　收付款操作

【工作场景】

“子钱包”覆盖吃喝玩乐场景

2022 年之后，数字人民币试点再提速，飞入“寻常百姓家”，数字人民币（试点版）APP 上架，包括北京、张家口在内的“10＋1”试点地区的用户在线上就能开立钱包，参与体验。该 APP 接入常见民生应用场景，掀起了一波用户体验热潮，多家平台迎来数字人民币钱包用户量的数倍增长。业内人士分析认为，该 APP 将带动数字人民币的应用，其交易规模将得到极大提升。展望未来，数字人民币将继续加速拓展应用场景，深度融入百姓生活。

- **工作建议**

班级		姓名		学号	

工作情境 6　货币清点

【工作目标】

1. 知识与技能目标：熟练使用点验钞机，熟练掌握不同方法清点纸币的工作要领，将面额大小不一、券别种类不同的票面进行挑拣和分类整理，熟练掌握保险柜的使用方法。

2. 情感与态度目标：树立熟能生巧的职业态度，培养坚定人民币法定地位的情感。

【工作背景】

在热播的反腐电视剧《人民的名义》中，现场清点赃款时一段出神入化的花式点钞，让广大观众大开眼界，直呼不可能。这种炫酷的花式点钞，在银行业内也属"神技"，大多用于点钞比赛，且练就非一日之功。中国工商银行永嘉支行便有这样一位点钞能手，最快速度 10 秒能点 100 来张，曾在省、市金融系统点钞比赛中拿下 22 个点钞冠军。

在 2015 年《中国达人秀第三季》第 6 场，来自中国人民银行南京分行营业管理部的职员陶萍，在舞台上表演了从一指到五指的花式点钞法，更是在和点验钞机的比拼中胜出，令人惊讶无比。通常点验钞机一分钟可点 900 张左右，也就是一秒 15 张。

人民币的收付整点，是一门技术性很强的工作，它要求经济工作者掌握一套过硬的本领。当在办理人民币收付整点工作时，应做到准和快。出纳人员在办理现金收付和整点票币时应随时挑出残缺、污损票币，对数额大小不一、券别种类不同的票面进行挑拣和分类整理。

【工作用具】

100 元、50 元、20 元、10 元、5 元、1 元、5 角、1 角共计 8 种面额练功券若干，点验钞机一台，润指蜡、计算器、扎把条若干。

一、点钞仪器

点验钞机是一种自动清点钞票数目的机电一体化装置，通常带有伪钞识别功能，是一种集计数和辨伪功能于一体的机器。随着印刷技术、复印技术和电子扫描技术的发展，伪钞制造水平越来越高，必须不断提高点验钞机的辨伪性能。

点钞仪器一般由捻钞、出钞、接钞、机架、显示器和电子电路等部分组成。其中，捻钞部分主要由滑钞板、送钞舌、阻力橡皮、落钞板、调节螺丝、捻钞胶圈等组成。

二、点验钞机的应用

(一)鉴别能力

根据国家对于人民币鉴别仪器的规定，一般来讲，点验钞机可分为有 A、B、C 三个等级。前两类为银行部门的点验钞机，最后一类为商用，也就是民用等级。点验钞机是按照鉴别能力和鉴别技术来区分等级的：A 类点验钞机，必须具备 9 种以上鉴别能力和鉴别技术；B 类点验钞机，必须具备 5 种以上鉴别能力和鉴别技术；C 类点验钞机，必须具备 4 种以上鉴别能力和鉴别技术。

(二)硬件

A 类点验钞机属于全自动点验钞机，点钞速度必须大于 900 张/分钟，要有 5 个磁头和 8 组红外设备，外加一个图像传感器，主要的使用场所是银行、证券等金融单位(见图 6-1)。相比 A 类点验钞机，B 类点验钞机的体型较大，具有 5 个磁头以及 8 组红外线光照设备(见图 6-2)；C 类点验钞机只有 3 个磁头和 2 组红外设备，或者直接取消红外设备。

图 6-1　A 类点验钞机

图 6-2　B 类点验钞机

(三)功能

从鉴别真伪的能力来讲，A 类点验钞机的鉴伪能力最强，能够进行多光谱图像分析鉴别和冠字号识别等。但是A类点验钞机的价格较高，对于一般企业来说，还是B类点验钞机更为合适。C类点验钞机的优点是价格适当，适用于多种场合。

三、点钞步骤

钞券的清点是指对经过整理后的钞券依据一定的方法，按照标准进行点数。点数后，纸币按券别平铺，每100张用纸条捆扎为一把；10把为一捆，用绳按双十字法捆扎。硬币每100枚为一卷（50枚为一卷亦可），用纸包卷；10卷为一捆，用绳捆扎。在银行，每把（卷）需盖带行号的经手人的名章，每捆应在绳头结扣处贴封签，注明行名、券别、金额、封捆日期，并加盖封捆员名章；在非银行单位，可根据实际情况适当减少上述程序。

（一）点钞的基本要求

在人民币的收付和整点中，要对混乱不齐、折损不一的钞券进行整理，使之整齐美观。简而言之，准、快、好。"准"，就是钞券清点不错不乱，准确无误。"快"，是指在准的前提下，加快点钞速度，提高工作效率。"好"，就是清点的钞券要符合以下要求，即点准、挑净、墩齐、捆紧、盖章清楚。

人工点钞的基本程序是：拆把→点数→扎把→盖章。

（1）拆把：把待点的成把钞券的封条拆掉。

（2）点数：手点钞，脑记数，点准100张。

（3）扎把：把点准的100张钞券墩齐，用腰条扎紧。

（4）盖章：在扎好的钞券的腰条上加盖经办人名章，以明确责任。

情境6-1 点钞基本要求

（二）点钞的姿势

1. 坐姿端正

点钞的坐姿会直接影响点钞技术的发挥。正确的坐姿应该是直腰挺胸、身体自然、肌肉放松，双肘自然放在桌上，持钞的左手腕部接触桌面，右手腕部稍抬起，整点钞券轻松持久，活动自如。

2. 操作定型，用品定位

点钞时使用的印泥、图章、水盒、腰条等要按使用顺序固定位置放好，以便点钞时使用顺手。

3. 动作连贯

动作连贯是保证点钞质量和提高效率的必要条件，点钞过程的各个环节必须密切配合，环环相扣。清点中双手动作要协调，速度要均匀，要注意减少不必要的小动作。

四、点钞方法

钞券清点的主要环节是点钞。点钞就是按照一定的方法查数钞券的数额。点钞的方法按是否自动化可分为人工点钞法和机器点钞法。其中，人工点钞法主要分为以下几种。

(一)单指单张点钞法

情境 6-2 单指单张点钞法

用一个手指一次点一张钞券的方法叫单指单张点钞法。它是点钞中最基本也是最常用的一种方法，使用范围较广，频率较高，适用于收款、付款和整点各种新旧、大小钞券。

这种点钞方法由于持票面小，能看到票面的 3/4，容易发现假钞及残破票，缺点是点一张记一个数，比较费时费力。

1. **持钞**

左手横执钞券，下面朝向身体，左手拇指在钞券正面左端约 1/4 处，食指与中指在钞券背面与拇指同时捏住钞券，无名指与小指自然弯曲并伸向票前左下方，与中指夹紧钞券，食指伸直，拇指向上移动，按住钞券侧面，将钞券压成瓦形，左手将钞券从桌面上擦过，拇指顺势将钞券向上翻成微开的扇形，同时，右手拇指、食指做点钞准备。

2. **清点**

左手持钞并形成瓦形后，右手食指托住钞券背面右上角，用拇指尖逐张向下捻动钞券右上角，捻动幅度要小，不要抬得过高。要轻捻，食指在钞券背面的右端配合拇指捻动，左手拇指按捏钞券不要过紧，要配合右手起自然助推的作用。右手的无名指将捻起的钞券向怀里弹，要注意轻点、快弹。

3. **记数**

记数与清点同时进行。在点数速度快的情况下，往往由于记数迟缓而影响点钞的效率，因此记数应该采用分组记数法。把 10 作 1 记，即 1、2、3、4、5、6、7、8、9、1(即 10)，1、2、3、4、5、6、7、8、9、2(即 20)，以此类推，数到 1、2、3、4、5、6、7、8、9、10(即 100)。采用这种记数法记数既简单又快捷，省力又好记。记数时应默记，不要念出声，做到脑、眼、手密切配合，既准又快。

(二)单指多张点钞法

情境 6-3 单指多张点钞法

一指同时点两张或两张以上钞券的方法叫单指多张点钞法。它适用于收款、付款和各种券别的整点工作，点钞时记数简单省力，效率高。但该方法也有缺点，那就是在一指捻几张时，由于不能看到中间几张的全部票面，所以不易发现假钞和残破钞。这种点钞法除了记数和清点外，其他均与单指单张点钞法相同。

1. 持钞

持票时的姿势、手法同单指单张点钞法。

2. 清点

清点时，右手食指放在钞券背面右上角，拇指肚放在正面右上角，拇指尖超出票面，用拇指肚先捻钞。采用单指双张点钞法时，拇指肚先捻第一张，拇指尖捻第二张。采用单指多张点钞法时，拇指用力要均衡，捻的幅度不要太大，食指、中指在票后面配合捻动，拇指按序捻张，无名指向怀里弹。在右手拇指往下捻动的同时，左手拇指稍抬，使票面拱起，从侧边分层错开，便于看清张数，左手拇指往下拨钞券，右手拇指抬起让钞券下落，左手拇指在拨钞的同时下按其余钞券，左右两手拇指一起一落协调动作，如此循环，直至点完。

3. 记数

采用分组记数法。例如，点双数，两张为一组记一个数，50 组就是 100 张。

(三)多指多张点钞法

情境 6-4 多指多张点钞法

点钞时用小指、无名指、中指、食指依次捻下一张钞券，一次清点四张钞券的方法叫多指多张点钞法，也叫四指四张点钞法。这种点钞法适用于收款、付款和整点工作，该方法不仅省力、省脑，而且效率高，能够逐张识别假钞券和挑出残破钞券。

1. 持钞

左手持钞券，中指在前，食指、无名指、小指在后，将钞券夹紧，四指同时弯曲将钞券轻压成瓦形，拇指在钞券的右上角外面，将钞券推成小扇面，然后手腕向里转，使钞券的右里角抬起，右手五指准备清点。

2. 清点

右手腕抬起，拇指贴在钞券的右里角，其余四指同时弯曲并拢，从小指开始每指捻动一张钞券，依次下滑四个手指，每一次下滑动作捻下四张钞券，循环操作，直至点完 100 张。

3. 记数

采用分组记数法。每次点四张为一组，记满 25 组为 100 张。

(四) 扇面式点钞法

情境 6-5 扇面式点钞法

把钞券捻成扇面状进行清点的方法叫扇面式点钞法。这种点钞方法速度快，是手工点钞中效率最高的一种方法。但它只适合清点新票币，不适于清点新、旧、破混合钞券。

1. 持钞

钞券竖拿，左手拇指在票前下部中间票面约 1/4 处，食指、中指在票后同拇指一起捏住钞券，无名指和小指蜷向手心。右手拇指在左手拇指的上端，用虎口从右侧卡住钞券成瓦形，食指、中指、无名指、小指均横在钞券背面，做开扇准备。

2. 开扇

开扇是扇面式点钞法的一个重要环节，扇面要开得均匀，为清点打好基础。其方法是：以左手为轴，右手食指将钞券向胸前左下方压弯，然后再猛向右方移动，同时右手拇指在票前向左上方拨动钞券，食指、中指在票后面用力向右捻动，左手指在钞券原位置向逆时针方向画弧捻动，食指、中指在钞票后面用力向左上方捻动，右手手指逐步向下移动，至右下角时即可将钞券推成扇面形。如有不均匀的地方，可双手持钞抖动，使其均匀。打开扇面时，左右两手一定要配合协调，不要将钞券捏得过紧，如果点钞时采取一按10张的方法，扇面要开小些，便于点清。

3. 清点

左手持扇面，右手中指、无名指、小指托住钞券背面，右手拇指在距钞券右上角1厘米处，一次按下5张或10张；按下后用右手食指压住，拇指继续向前按第二次，以此类推，同时左手应随右手点数速度向内转动扇面，以迎合右手按动，直到点完100张为止。

4. 记数

采用分组记数法。一次按5张为一组，记满20组为100张；一次按10张为一组，记满10组为100张。

5. 合扇

清点完毕合扇时，将左手向右倒，右手托住钞券右侧向左合拢，左右手指向中间一起用力，使钞券竖立在桌面上，两手松拢轻墩，把钞券墩齐，准备扎把。

（五）手按式多指拨动点钞法

情境6-6 手按式多指拨动点钞法

手按式多指拨动点钞法适用于各种面额钞券的清点，更宜于整点成把主币。其操作方法如下：

1. 放票

将钞券斜放在桌面上，右下角对正胸前，左手无名指、小指自然弯曲压在钞券左端约占票面的1/4处，同时用右手食指、中指、无名指、小指沾水做点钞准备。

2. 清点

清点前，用右手在钞券右下角侧面将钞券向左上方拨动一下，使钞券松散。拨捻时可用三指拨动，也可用四指拨动。用四指拨动时，先用小指从右下角向上拨捻起第一张，然后用无名指、中指、食指顺序分别各拨起一张钞券；用三指拨动时，先用无名指拨捻起第一张，然后用中指、食指各拨起一张。拨起的钞券由左手拇指拨送到左手食指和中指之间夹住。这样便完成一组动作，以后按此连续操作。

3. 记数

采用分组记数法。每次拨动 3 张的，以 3 张为一组；每次拨动 4 张的，以 4 张为 1 组记数。记满 33 组余 1 张或记满 25 组，即为 100 张。

(六)手按式单指单张点钞法

情境 6-7 手按式单张点钞法

手按式单指单张点钞法是一种传统的点钞方法，在我国流传甚广。它适用于收付款和整点各种新旧、大小钞券。由于这种点钞方法逐张清点，看到的票面较大，便于挑出破损券，特别适宜于清点散把钞券和辅币及残破钞券。

1. 拆把

将钞券横放在桌面上，一般位于点钞员正胸前。左手小指、无名指微弯按住钞券左上角，约占票面 1/3 处，食指伸向腰条纸并将其勾断，拇指、食指和中指微屈做好点钞准备。

2. 清点

右手拇指托起右下角的部分钞券，用右手食指捻动钞券，其余手指自然弯曲。右手食指每捻起一张，左手拇指便将钞券推送到左手食指与中指间夹住，这样就完成了一次点钞动作，以后依次连续操作。用这种方法清点时，应注意右手拇指托起的钞券不要太多，否则会使食指捻动困难；也不宜太少，太少会增加拇指活动次数，从而影响清点速度。一般一次以 20 张左右为宜。

3. 记数

可采用双数记数法，数至 50 即为 100 张；也可采用分组记数法，以 10 为一组记数。记数方法与手持式单指单张点钞法基本相同。

(七)手扳式点钞法

情境 6-8 手扳式点钞法

手扳式点钞法也叫手按式翻点法。这种点钞方法适用于整点各种主币和复点工作，尤其宜于清点成把主币。它的优点是速度快、效率高，清点比较省力，劳动强度较小。但由于扳动时看到的票面小，残破券、假钞及夹版不易被发现和剔除，因此新旧、大小版面混在一起或残破币太多的钞券，不宜用该方法清点。手扳式点钞法的操作方法如下：

1. 放票

先双手持票。持票时，钞券竖立，两拇指在前，其余四指在后，捏住钞券(捏在约占票面的 1/4 处)。然后右手把钞券顺时针方向转动，左手拇指配合右手将钞券向右推，使钞券呈微扇形。打开扇面后，将钞券竖放在桌面上，下端伸出桌面约 2 厘米以便右手将钞券扳起。放票时也可不打开扇面。安放好钞券后，左手小指、无名指、中指按住钞券的左上角，拇指和食指自然弯曲，做好点钞准备。

2. 清点

右手除拇指外，其余四指自然弯曲。用右手中指抬起部分钞券的右下角，拇指捏住钞券右下角，食指放在拇指与中指之间，无名指和小指协助中指动作。然后用右手腕带动各指往怀里方向转动即逆时针方向转动，使钞券打开成小扇面。用左手拇指对右手扳起的钞券进行切数，左手拇指每切一次便将钞券送到食指和中指间夹住，同时右手拇指和食指放开已切数的钞券，并配合中指进行下一次循环。要注意的是，右手中指抬起的钞券不宜过多，一般为 3～5 张；打开扇面时，拇指捏得不要过紧，食指在其他手指转动时要擦过中指抬起的钞券的侧面，向拇指靠拢，以利于打开扇面。左手切数时，眼睛应该从右向左看；每次切数均要一致。

3. 记数

采用分组记数法。例如，一次扳 5 张的，以 5 张为一组，记满 20 组为 100 张；一次扳 6 张的，以 6 张为一组，记满 16 组余 4 张即为 100 张；以此类推。

【工作任务】

1. 数量训练

3～5 人一组，分别计时 10 秒、20 秒、30 秒、60 秒，以不同的方法分别清点练功券，记录清点张数（张），并进行小组排名。

2. 速度训练

3～5 人一组，清点 100 张练功券，记录清点时间（秒），并进行小组排名。

3. 正确率训练

3～5 人一组，5 分钟内完成清点 3 种不同面额的练功券各 300 张左右，由教师随机安排钱箱，记录清点时间（秒），并进行小组排名。

4. 指法训练

重点训练多指多张点钞法，并上传视频至教学平台。

情境 6-9 手按式三张点钞法

情境 6-10 扎把

班级		姓名		学号	

工作情境7　现金收支业务核算

【工作目标】

1. 知识与技能目标：掌握现金收、发、存、取技能，熟悉人民币图样使用管理办法。

2. 情感与态度目标：坚守诚信为本、操守为重、坚持准则、不做假账的工作态度，追求务实求真的价值观。

【工作背景】

我国古代钱币萌芽于夏代，起源于殷商，发展于东周，统一于嬴秦，历经了4000多年的漫长历史，创造了70多项世界之最。不仅如此，我国钱币系统之完整，门类之丰富，脉络之清晰，内涵之博大，是任何一个国家都无法比拟的。

春秋战国时期，由于商品经济的迅速发展，开始出现形态各异的古钱，其形状大多模仿当时的生产工具或生活用具。楚国从贝币发展成文字贝，这种文字贝俗称鬼脸钱、蚁鼻钱，如图7-1所示。

图7-1　春秋战国“鬼脸钱”

世界上最早的纸币“交子”出现在宋代(见图 7-2),遗憾的是,“交子”的实物和钞版均已遗失。

图 7-2　南宋“行在会子库”雕刻印版

目前,国内现存年代最早的“金代铜钞版”已为金泉钱币博物馆收藏。

【工作用具】

现金日记账、收藏钱币若干。

【工作内容】

情境 7-1 现金收支业务核算

一、现金管理

出纳范畴中的现金又称库存现金,是指通常存放于企业财会部门、由出纳人员经管的货币,包括库存的人民币和各种外币。库存现金是流动性最强的一种货币性资产,是立即可以投入流通的交换媒介,可以随时用其购买所需的物资、支付日常零星开支、偿还债务等,也可以随时存入银行。

现金管理就是针对现金的收、付、存等各环节进行的管理。企业应当严格遵守国家有关现金管理制度,正确进行现金收支的核算,监督现金使用的合法性和合理性。

二、现金的使用范围

《现金管理暂行条例》于 1988 年 9 月 8 日发布,2011 年 1 月 8 日修订。制定该条例的目的是改善现金管理,促进商品生产和流通,加强对社会经济活动的监督。

凡在银行和其他金融机构(以下简称开户银行)开立账户的机关、团体、部队、企业、事业单位和其他单位(以下简称开户单位),必须依照《现金管理暂行条例》的规定收支和使用现金,接受开户银行的监督。国家鼓励开户单位和个人在经济活动中,采取转账方式进行结算,减少使用现金。各级人民银行应当严格履行金融主管机关的职责,负责对开户银行的现金管理进行监督和稽核。

根据国家现金结算制度的规定,开户单位收支的各种款项,必须根据国务院发布的《现金管理暂行条例》的规定办理,在规定的范围内使用现金。

开户单位可在以下范围内使用现金:

(1) 职工工资、津贴。这里所说的职工工资指企业、事业单位和机关、团体、部队支付给职工的工资和工资性津贴。

(2) 个人劳务报酬。指由于个人向企事业单位和机关、团体、部队等提供劳务而由企事业单位和机关、团体、部队等向个人支付的劳务报酬,包括新闻出版单位支付给作者的稿费,各种学校、培训机构支付给外聘教师的讲课费,以及设计费、装潢费、安装费、制图费、化验费、测试费、咨询费、医疗费、技术服务费、介绍服务费、经纪服务费、代办服务费、各种演出与表演费,以及其他劳务费用。

(3) 奖金。指颁发给个人的科学技术、文化艺术、体育等各种奖金。

(4) 各种劳保、福利费用以及国家规定的对个人的其他支出。如退休金、抚恤金、学生助学金、职工困难生活补助费等。

(5) 向个人收购农副产品和其他物资的价款。

(6) 出差人员必须随身携带的差旅费。

(7) 结算起点(1000元)以下的零星支出。超过结算起点的应实行银行转账结算,结算起点的调整由中国人民银行确定,报国务院备案。

(8) 中国人民银行确定需要现金支付的其他支出。如采购地点不确定、交通不便、抢险救灾以及其他特殊情况,办理转账结算不够方便,必须使用现金的支出。对于这类支出,现金支取单位应向开户银行提出书面申请,由本单位财会部门负责人签字盖章,开户银行审查批准后予以支付现金。

除上述(5)、(6)两项外,其他各项在支付给个人的款项中,支付现金每人不得超过1000元,超过限额的部分根据提款人的要求,在指定的银行转存为储蓄存款或以支票、银行本票支付。企业与其他单位的经济往来除规定的范围可以使用现金外,应通过开户银行进行转账结算。

三、现金的限额

库存现金的限额是指为了保证开户单位日常零星开支的需要,允许开户单位留存现金的最高数额。这一限额由开户银行根据开户单位的实际需要核定,一般按照开户单位3～5天日常零星开支所需的库存现金来确定。边远地区和交通不便地区的开户单位的库存现金限额,可以多于 5 天,但不得超过 15 天的日常零星开支。

经核定的库存现金限额,开户单位必须严格遵守,超过部分应于当日终了前存入银行。需要增加或减少库存现金限额的,应当向开户银行提出申请,由开户银行核定。其核定具体程序为:

(1)开户单位与开户银行协商核定库存现金限额。

库存现金限额=每日零星支出额×核定天数

每日零星支出额=月(或季)平均现金支出额(不包括定期性的大额现金支出和不定额的大额现金支出)/月(或季)平均天数

(2)开户单位填制“库存现金限额申请批准书”。

(3)开户单位将申请批准书报送单位主管部门,经主管部门签署意见,再报开户银行审查批准,开户单位凭开户银行批准的限额数作为库存现金限额。

四、现金收支的规定

开户单位现金收支应当依照下列规定办理:

(1)当日及时送存。开户单位现金收入应当于当日送存开户银行,当日送存确有困难的,由开户银行确定送存时间。

(2)不得坐支现金。开户单位支付现金,可以从本单位库存现金限额中支付或从开户银行提取,不得从本单位的现金收入中直接支付,即不得“坐支”现金。因特殊情况需要坐支现金的,应当事先报经开户银行审查批准,由开户银行核定坐支范围和限额。坐支单位应当定期向开户银行报送坐支金额和使用情况。

(3)明确提现用途。开户单位从开户银行提取现金,应当写明用途,由本单位财会部门负责人签字盖章,经开户银行审核后,予以支付现金。

(4)提出书面申请。因采购地点不确定,交通不便,生产或者市场急需,抢险救灾以及其他特殊情况必须使用现金的,开户单位应向开户银行提出书面申请,由本单位财会部门负责人签字盖章,经开户银行审核后,予以支付现金。

情境 7-2 现金管理“八不准”原则

五、现金收支业务核算

现金管理是出纳工作的一个重要环节。出纳人员不仅要熟悉法规,而且要掌握技巧,才能减工作失误,提高工作效率。

在办理现金收支业务时,不同的单位会涉及不同的原始凭证。例如,从银行提取现金时签发的现金支票存根、现金存入银行时填写的送款单、零星小额销售的发票(副本)、发放单位职工工资的结算或汇总表、职工预借差旅费和基层单位借支备用金的借据、收进职工交款的收据(副联)等。对于这些原始凭证,出纳人员应从以下几个方面加强审核:

(1)审核现金收支是否符合现金管理制度规定。

(2)审核经济业务是否真实,有无批准人、经办人签章。

(3)进行原始凭证技术性审核,即审核规定项目是否填写齐全、数字是否正确、手续是否完备。

出纳人员在办理现金收支业务后,必须在现金收支的原始凭证上加盖"现金收讫""现金付讫"章,费用报销单必须在其附件(费用张贴单)上盖章,以免原始票据被重复使用。

(一)现金收支分录

为了反映企业库存现金的收入、支出和结存情况,企业应当设置"库存现金"科目。该科目的借方登记企业库存现金的增加,贷方登记企业库存现金的减少,期末借方余额反映企业期末实际持有的库存现金的金额。

1.从银行提取现金

到银行提取现金的会计分录为:

借:库存现金

  贷:银行存款

企业到银行提取现金,那么其库存现金会增加,银行存款会相应地减少。由于库存现金和银行存款都属于资产类账户,资产类账户增加记借方,资产类账户减少则记贷方。

2.发放职工薪酬

职工薪酬是指企业为获得职工提供的服务或终止劳动合同关系而给予的各种形式的报酬。发放职工薪酬的会计分录为:

借:应付职工薪酬

  贷:银行存款

3.现金存入银行

为了核算和反映企业存入银行或其他金融机构的各种存款,企业会计制度规定,应设置"银行存款"科目。该科目的借方反映企业存款的增加,贷方反映企业存款的减少,期末借方余额反映企业期末存款的余额。

企业应严格按照相关制度的规定进行核算和管理,企业将款项存入银行或其他金融机构,借记"银行存款"科目,贷记"现金"等有关科目;提取和支出存款时,借记"现金"等有关科目,贷记"银行存款"科目。

4.收押金

押金是一种物的担保,当债务人不履行债务时,债权人可自由决定在押金中抵扣。收押金的会计分录为:

借:库存现金或银行存款

  贷:其他应付款

(二)备用金核算

备用金是企事业单位拨付给非独立核算的内部单位或职工用作差旅费、零星采购和日常零星开支等事后需要报销的款项。备用金应指定专人负责管理,按照规定用途使用,不得转借给他人或挪作他用。

备用金的核算,可在“其他应收款”账户内核算,也可单独设置“备用金”账户。它属于资产类账户,借方登记增加数,贷方登记减少数,余额表示库存的备用金数额,并按照领用单位或个人设明细分类账户核算。

备用金按备用形式可分为定额备用金和非定额备用金。

对于预借差旅费、零星采购等,可实行非定额备用金制度,即指用款单位一般按估计需用数额领取,支用后一次报销,多退少补。前账未清,不得继续预支。

对于零星开支用的备用金,可实行定额备用金制度,即由指定的备用金负责人按照规定的数额领取,支用后按规定手续报销,补足原定额。实行定额备用金制度的单位,备用金领用部门支用备用金后,应根据各种费用凭证编制费用明细表,定期向财会部门报销,领回所支用的备用金。在实行定额备用金制度的单位,除拨付、增加或减少备用金定额时通过“备用金”(或“其他应收款”)科目核算外,日常支用报销补足定额时,都必须通过该科目而将支用数直接记入有关成本类科目、费用类科目。

例:以盛旅游投资管理有限公司对采购部实行定额备用金制度,核定限额为 8000 元。

(1)以现金拨付时,根据拨付清单进行会计核算如下:

借:其他应收款—备用金(采购部)　8000

　贷:库存现金　8000

(2)采购部持单据从财会部门报销办公费等 2000 元。根据报销单编制付款凭证,会计核算如下:

借:管理费用　2000

　贷:库存现金　2000

(3)以盛旅游投资管理有限公司决定收回定额备用金时,会计核算如下:

借:库存现金　8000

　贷:其他应收款　8000

六、现金收支记账凭证复核

现金收支的记账凭证包括现金收款凭证(银行存款付款凭证)、现金付款凭证等。

(一)现金收款凭证的复核

(1)复核现金收款凭证的填写日期是否正确。现金收款凭证的填写日期,应为编制收款凭证的当天,不得提前或推后。

(2)复核现金收款凭证的编号是否正确。即审核现金收款凭证有无重号、漏号或不按日期顺序编号等情况。

(3)复核现金收款凭证记录的内容是否真实、合法、准确,其摘要栏的内容与原始凭证反映的经济业务内容是否相符。

(4)复核使用的会计科目是否正确。

(5)复核现金收款凭证的金额与原始凭证的金额是否一致,原始凭证大小写金额是否相同,有无印章。

(6)复核现金收款凭证"附单据"栏的张数与所附原始凭证张数是否相符,收款凭证的出纳、制单、复核、财务主管等栏目是否已签名或盖章。

(二)现金付款凭证的复核

为了避免重复编制记账凭证和重复记账,从银行提取现金或将现金送存银行时,只编制以贷方为主的付款凭证,据以收付款和记账。例如,现金存入银行时,编制现金付款凭证,会计分录为:

借:银行存款

　　贷:库存现金

从银行提取现金时,编制银行存款付款凭证,会计分录为:

借:库存现金

　　贷:银行存款

发生销货退回时,如数量较少,且退款金额在转账起点以下,需用现金退款时,必须取得对方的收款收据,不得以退货发票代替收据编制付款凭证。

从外单位取得的原始凭证如遗失,应取得原签发单位盖有有关印章的证明,并注明原始凭证的名称、金额、经济内容等,经单位负责人批准,方可代替原始凭证。

七、现金流通秩序的维护

《人民币管理条例》第 27 条规定:"禁止下列损害人民币的行为:故意毁损人民币;制作、仿制、买卖人民币图样;未经中国人民银行批准,在宣传品、出版物或者其他商品上使用人民币图样;中国人民银行规定的其他损害人民币的行为。前款人民币图样包括放大、缩小和同样大小的人民币图样。"

为维护人民币流通秩序,保障公众使用现金的权益,结合《关于切实解决老年人运用智能技术困难的实施方案》,中国人民银行发布了 2020 年第 18 号公告,规范人民币现金收付行为。

(一)任何单位和个人不得拒收人民币

人民币是我国的法定货币,人民币现金是我国境内最基础的支付手段,任何单位和个人不得拒收。公告聚焦公众日常生活消费的高频场景，明确了行政事业性收费、基本公共服务、交通运输、大中型商业机构、小微经济主体以及线下无人销售、线上网络经营等不同现金收付主体、不同场景、不同支付方式下的现金收付要求，进一步厘清了拒收现金行为边界。

根据公告，对于涉及民生的行政事业性收费和社保、医疗、教育、水电煤气等公共服务类收费，收费单位或其委托代收机构要具备人工现金收付通道，由人员值守并收取现金；铁路、道路客运等交通运输单位，以及涉及零售、餐饮、居民服务和娱乐行业等的大中型商业机构，应具备现金收付通道，由人工或自助现金机具收取现金。

对涉及公共服务、民生以及公众关注度高、影响范围大的拒收现金主体，将严肃整治。公众或消费者发现拒收或者采取歧视性措施排斥现金的，应妥善保留相应的证据或线索，通过城市政务热线、消费者权益保护、金融消费权益保护等各种渠道进行投诉、举报，中国人民银行将会同相关部门及时处理。

（二）禁止在祭祀用品上使用人民币图样

人民币是国家法定货币，是“国家名片”。2019 年 10 月，中国人民银行发布《人民币图样使用管理办法》。该办法首次提出，禁止在祭祀用品、生活用品、票券等物品上使用人民币图样。使用人民币图样是指通过各种形式在宣传品、出版物或者其他商品上使用放大、缩小和同样大小人民币图样的行为。在中华人民共和国境内依法设立的法人、其他组织及自然人以弘扬民族优秀文化和反映国内外科学文化成果、宣传爱护人民币和人民币防伪知识、展示人民币设计艺术、促进钱币文化健康发展为目的，可以申请使用人民币图样。

（三）使用人民币图样实行属地管理、一事一批

中国人民银行上海总部、各分行、营业管理部、省会（首府）城市中心支行、深圳市中心支行是使用人民币图样的审批机构。中国人民银行当地分支机构是使用人民币图样申请的受理机构。中国人民银行对其分支机构的审批工作进行统一监督管理。

《人民币图样使用管理办法》规定，禁止制作、仿制、买卖以及未经批准使用人民币图样，违者将接受相关处罚及罚款。人民币图样既包含人民币的完整图案，也包含局部图案。使用人民币图样应根据《人民币图样使用管理办法》规定依法审批。

申请使用人民币图样的申请人，应当向中国人民银行当地分支机构提供以下材料：

(1)《人民币图样使用申请表》（见表 7-1）。

(2)申请人身份证件、营业执照或者法人登记证书。

(3)拟使用人民币图样产品的设计稿。

(4)拟使用人民币图样产品的广告宣传文案。

(5)中国人民银行要求的其他相关材料。

表7-1　人民币图样使用申请表

<table>
<tr><td colspan="4">申请使用人民币图样的产品信息</td></tr>
<tr><td>申请使用的人民币图样</td><td colspan="3">请详细说明申请使用人民币图样的名称、版别、套别、面额、纸币(硬币、纪念币)、正(背)面、缩放比例(可以另附页)
例如:××××年版第×套人民币×元纸币　正面图样　各边长缩小××%;××版金制纪念币　正背面图样　原大</td></tr>
<tr><td>拟使用人民币图样的产品类别</td><td colspan="3">□宣传片　□出版物　□商品</td></tr>
<tr><td>拟使用人民币图样的产品名称及用途</td><td colspan="3"></td></tr>
<tr><td>拟使用人民币图样的产品材质</td><td colspan="3"></td></tr>
<tr><td>制作数量</td><td colspan="3"></td></tr>
<tr><td colspan="4">附件材料</td></tr>
<tr><td colspan="4">□身份证件复印件
□营业执照复印件
□法人登记证书复印件
□拟使用人民币图样产品的设计稿
□拟使用人民币图样产品的广告宣传文案
□其他(请详细说明)</td></tr>
<tr><td colspan="4">申请人信息</td></tr>
<tr><td>申请人类别</td><td colspan="3">□法人　□其他组织　□自然人</td></tr>
<tr><td>申请人名称</td><td></td><td>联系人</td><td></td></tr>
<tr><td>地址</td><td></td><td>联系电话</td><td></td></tr>
<tr><td>邮政编码</td><td></td><td>电子邮箱</td><td></td></tr>
<tr><td colspan="4">本单位(人)承诺所有申请资料真实有效。

申请人签字(盖章):　　　　　　　　　　申请日期:</td></tr>
</table>

审批机构应当在规定时间内完成人民币图样使用申请的受理及审核工作，作出是否准予使用人民币图样的决定。

八、使用人民币图样规定

（一）使用规范

使用人民币图样应当遵守下列规定：

(1)单面使用。

(2)不损害人民币形象、不损害国家利益和社会公共利益。

(3)不使公众误认为是人民币。

(4)保证人民币图样中人物头像、国徽的原有比例，不变形、失真、破坏或被替换。

(5)使用人民币图样制作商品时，不得使用“中国人民银行”行名和货币单位。

（二）限制性规定

使用人民币图样，须在图样中部明显位置标注清晰可辨的“图样”字样。“图样”字样的长度、宽度分别不低于图样长度、宽度的 1/3。以下情形除外：

(1)使用人民币硬币图样。

(2)使用人民币纸币图样单面面积小于原大小的 50%。

(3)在有形载体上使用各边长放大和缩小比例超过原边长 50%的人民币纸币图样。

(4)在数字载体上使用分辨率小于 28 像素/厘米(72dpi)的人民币纸币图样。

转让人民币图样使用许可，涂改、倒卖、出租、出借人民币图样使用许可批准文件的，由中国人民银行或其分支机构予以警告，并处 5000 元以上 30000 元以下罚款。

拒绝、阻挠、逃避中国人民银行及其分支机构检查，或者谎报、隐匿、销毁相关证据材料的，有关法律、行政法规有处罚规定的，依照其规定给予处罚；有关法律、行政法规未作处罚规定的，由中国人民银行或其分支机构予以警告，并处 5000 元以上 30000 元以下罚款。

九、违规使用人民币的法律责任

损害人民币和违反人民币图样管理将受到的处罚有哪些？《中国人民银行法》第 44 条规定：“在宣传品、出版物或者其他商品上非法使用人民币图样的，中国人民银行应当责令改正，并销毁非法使用的人民币图样，没收违法所得，并处 5 万元以下罚款。”

《人民币管理条例》第 42 条规定：“故意毁损人民币的，由公安机关给予警告，并处 1 万元以下的罚款。”第 43 条规定：“违反本条例第 25 条、第 26 条第一款第二项和第四项规定的，由工商行政管理机关和其他有关行政执法机关给予警告，没收违法所得和非法财物，并处违法所得1倍以上3倍以下的罚款；没有违法所得的，处1000元以上5万元以下的罚款。工商行政管理机关和其他有关行政执法机关应当销毁非法使用的人民币图样。”

《人民币图样使用管理办法》规定，在祭祀用品、生活用品、票券上使用人民币图样的，由中国人民银行或其分支机构给予警告，并按《中国人民银行法》第44条规定予以处罚。

【工作场景】

1. 清明祭祖能不能用“人民币版冥币”？

每年清明节，人们都会在街头巷尾看到摆卖“纸钱”的小贩，许多民众也习惯用“烧纸钱”寄托哀思。这些冥币上的图案很多与人民币非常相似，有的甚至就是从人民币上照搬下来的。

- 工作建议

____

____

____

____

____

____

2. 自己的钱可不可以随便撕？

某公安局110接到报警：“在平坝区鼓楼街道，一男子醉酒后与出租车司机发生口角。”经民警现场了解，该男子聚会酒醉后打出租车回家，付款时车费为17元，由于当时处于醉酒状态该男子扫码付款金额为18元，出租车司机将其多付的1元钱退还后，该男子仍无理取闹并辱骂出租车司机。在民警对双方进行调解的过程中，该男子一边指责出租车司机，一边故意将人民币1元钱撕毁，并扔在了地上。

- 工作建议

____

____

____

____

____

____

3.人民币作为商品的广告宣传?

杭州萧山某文化用品企业在2022年新年来临前夕,赶印一批以亚运会为主题的工作台历。为了获得比往年更好的销路,该企业在月历醒目位置以扩大的新版100元人民币图样作为背景,其色彩、尺寸与100元人民币的票面相同甚至号码也一样。该系列台历一经推出后,果然比其他版本的销量要好一些。在这批台历热销不久后,遭到了中国人民银行当地分支机构会同当地的公安部门和工商部门的联合查处。

- **工作建议**

4.碰到"请扫码支付,不收现金"该怎么办?

某区一数码零售店以疫情防控为由,在收银台显著位置张贴"请扫码支付,不收现金"告示,拒收客户支付的人民币现金。结果被当地中国人民银行给予警告,并处人民币罚款1000元。

- **工作建议**

5.吃"人民币"蛋糕涉嫌违法吗?

某市场监管部门检查发现,当地一食品店内货架上展示的蛋糕样品,其上装饰有人民币图样。蛋糕上有用糯米纸打印的、可食用的"百元大钞",从外观来看,该"人民币"与真钞几乎一模一样。

店主表示,这些是网购的人民币图样糯米纸,贴在蛋糕坯子上制成的,能食用。执法人员发现在外卖软件上,该店有7种"人民币蛋糕",每种产品的宣传图片上都有人民币图样,以此扩大宣传面,取得销售业绩。

• 工作建议

【工作实务】

现金收支业务核算

资料：恒盛酒店管理股份有限公司属于一般纳税人，增值税税率为13%。2021年12月30日和31日发生的库存现金收支业务如下：

(1)30日，出纳开出现金支票，提取现金32000元。记账凭证编号为银付22号。

(2)30日，客房销售业务10笔，单价2400元(不含税)，以现金方式收到全部货款。记账凭证编号为现收65号。

(3)30日，收到同行租赁公司支付的设备租金7000元。记账凭证编号为现收66号。

(4)30日，支付兼职培训教师培训费6000元。记账凭证编号为现付88号。

(5)30日，采购部领用备用金3000元。记账凭证编号为现付90号。

(6)31日，出租设备给替安公司使用，收到玉宏公司租入设备的押金500元(现金)。记账凭证编号为现收67号。

(7)31日，收到职工姚安归回的借款350元。记账凭证编号为现收68号。

(8)31日，购买大堂节庆用品930元。记账凭证编号为现付91号。

要求：根据收付款凭证登记现金日记账(见表7-2)。

表7-2　现金日记账

2021		凭证		摘要	借方	贷方	余额
月	日	种类	编号				
12	29			承前页	352450	317780	34670

续表

2021		凭证		摘要	借方	贷方	余额
月	日	种类	编号				

【工作任务】

1. 学习《现金管理暂行条例》,学会现金收付会计分录。

2. 找寻 3 家企业,了解这些企业是如何办理现金缴存业务的。

3. 暗访学校周边商业区是否存在未经批准使用人民币图样的违法行为,形成一份 800～1000 字的调研报告。

班级		姓名		学号	

工作情境8　现金保管和清查

【工作目标】

1. 知识与技能目标：熟练掌握现金保管要求，掌握现金清查的目标和流程，掌握现金报销业务的审核技能。

2. 情感与态度目标：尊重历代货币演变规律，树立“失之毫厘，谬以千里”的敬业态度，培养珍惜人民币的情感。

【工作背景】

秦始皇为巩固封建统治和发展封建经济，统一了钱币政策，在全国范围内推行外圆内方的“半两钱”(见图8-1)，该钱币重11克，直径32毫米。这是中国历史上的一次币制改革，它避免了以往钱文复杂难辨、大小各异、轻重不一、币值不明等弊病。“半两钱”作为我国钱币发展史上的一座里程碑，标志着这种外圆内方的钱币在形制上从此固定下来，并为历代沿袭，直至清末。

汉朝商业活动繁荣，钱币制度也有了重大改革。汉武帝元狩五年(前118年)开始铸造五铢钱，该钱币轻重适宜，其大小、形制一直到隋代仍在继续沿用。唐高祖武德四年(621年)，为整治混乱的币制，废隋钱，效仿西汉五铢钱的严格规范，开铸“开元通宝”(见图8-2)，该钱币重17.7克，直径43.1毫米，取代社会上遗存的五铢钱。“开元通宝”的历史意义在于废除了铢两制货币体系，开始出现宝文钱，宝文钱的出现体现了一种信用货币的概念。开元通宝钱币的问世标志着自秦始皇统一货币后的第二次钱币革命，它持续流行了1300年。

宋朝，铜、铁钱并用，铸钱数量相当可观，十几位皇帝在内共有四五十种年号钱。南宋淳熙七年(1180年)，铸行的淳熙通宝(见图8-3)，钱背上有“柒”字纪年，至淳熙九年后改成小写，这就是纪年钱。这种钱币纪年制度一直沿用到宋末，是宋钱的一大特征，比欧洲钱币纪年要早300多年。元朝和明朝时期主要推行纸币，铜钱铸造较少，如元朝“至正通宝”(见图8-4)，重33克，直径47毫米；明朝“崇祯通宝”(见图8-5)，重18.2克，直径43.2毫米。清光绪年间，两广总督张之洞吸收西方铸币的先进技术，向英国购置了造币机器，在广州筹建造币厂，率先开创机器制币，实施了中国钱币史上的第三次革命。清朝“咸丰通宝”（见图 8-6），重 4.4 克，直径 23.2 毫米。先进的制币技术，在光绪后期取得了成功。从此，机制币全面进入我国的货币领域。

图 8-1　秦国“半两钱”

图 8-2　唐朝“开元通宝”

图 8-3　宋朝“淳熙通宝”

图 8-4　元朝“至正通宝”

图 8-5　明朝“崇祯通宝”

图 8-6　清朝“咸丰通宝”

【工作用具】

现金若干、差旅费报销单、出差审批单、航空运输电子发票行程单、高铁报销凭证、出租车发票等。

【工作内容】

一、现金保管

情境8-1 现金保管和清查

(一)重要性

现金是流动性最强的资产,无须变现即可使用,因而常成为犯罪分子谋取的直接目标。因此,各单位应建立健全现金保管制度,防止由于制度不严、工作疏忽而给犯罪分子以可乘之机,给国家和单位造成损失。

(二)主要内容

(1)超过库存限额以外的现金应在下班前送存银行。

(2)为加强对现金的管理,除工作时间需要的少量备用金可放在出纳人员的抽屉内外,其余则应放入出纳专用的保险柜内,不得随意存放。

(3)限额内的库存现金当日核对清楚后,一律放在保险柜内,不得放在办公桌内过夜。

(4)单位的库存现金不准以个人名义存入银行,以防止有关人员利用公款私存取得利息收入,也防止单位利用公款私存形成账外小金库。银行一旦发现公款私存,可以对单位处以罚款,情节严重的,可以冻结单位现金支付。

(5)库存现金,包括纸币和铸币,纸币的票面金额和铸币的币面金额,以及整数(即大数)和零数(即小数)分类保管。

纸币一定要打开铺平存放,并按照纸币的票面金额,以每100张为一把,每10把一捆扎好。凡是成把、成捆的纸币即为整数(即大数),均应放在保险柜内保管,随用随取;凡不成把的纸币视为零数(即小数),也要按照票面金额,每10张为一扎,分别用回形针别好,放在传票箱内或抽屉内,一定要存放整齐,秩序井然。

铸币也是按照币面金额,以每100枚为一卷,每10卷为一捆,同样将成捆、成卷的铸币放在保险柜内保管,随用随取;不成卷的铸币,应按照不同币面金额,分别存放在特别的卡数器内。

二、处罚规定

开户单位有下列情形之一的，开户银行应当依照中国人民银行的规定，予以警告或者罚款；情节严重的，可在一定期限内停止对该单位的贷款或者停止对该单位的现金支付：

(1)对现金结算给予比转账结算优惠待遇的。

(2)拒收支票、银行汇票和银行本票的。

(3)违反《现金管理暂行条例》第8条规定，不采取转账结算方式购置国家规定的专项控制商品的。

(4)用不符合财务会计制度规定的凭证顶替库存现金的。

(5)用转账凭证套换现金的。

(6)编造用途套取现金的。

(7)互相借用现金的。

(8)利用账户替其他单位和个人套取现金的。

(9)将单位的现金收入按个人储蓄方式存入银行的。

(10)保留账外公款的。

三、现金清查

(一)现金清查的目标

为了加强对出纳工作的监督，及时发现可能发生的现金差错或丢失，防止贪污、盗窃、挪用公款等不法行为的发生，确保库存现金安全完整，除了出纳人员进行日清月结及对库存现金进行检查外，各单位还应建立库存现金清查制度。由有关领导和专业人员组成清查小组，定期或不定期地对库存现金情况进行清查盘点。

(二)现金清查的流程

现金清查的具体流程如图8-7所示。

(三)现金清查的内容

(1)是否有白条抵库。

(2)是否超限额留存现金。

(3)是否坐支现金。

(4)有无挪用公款。

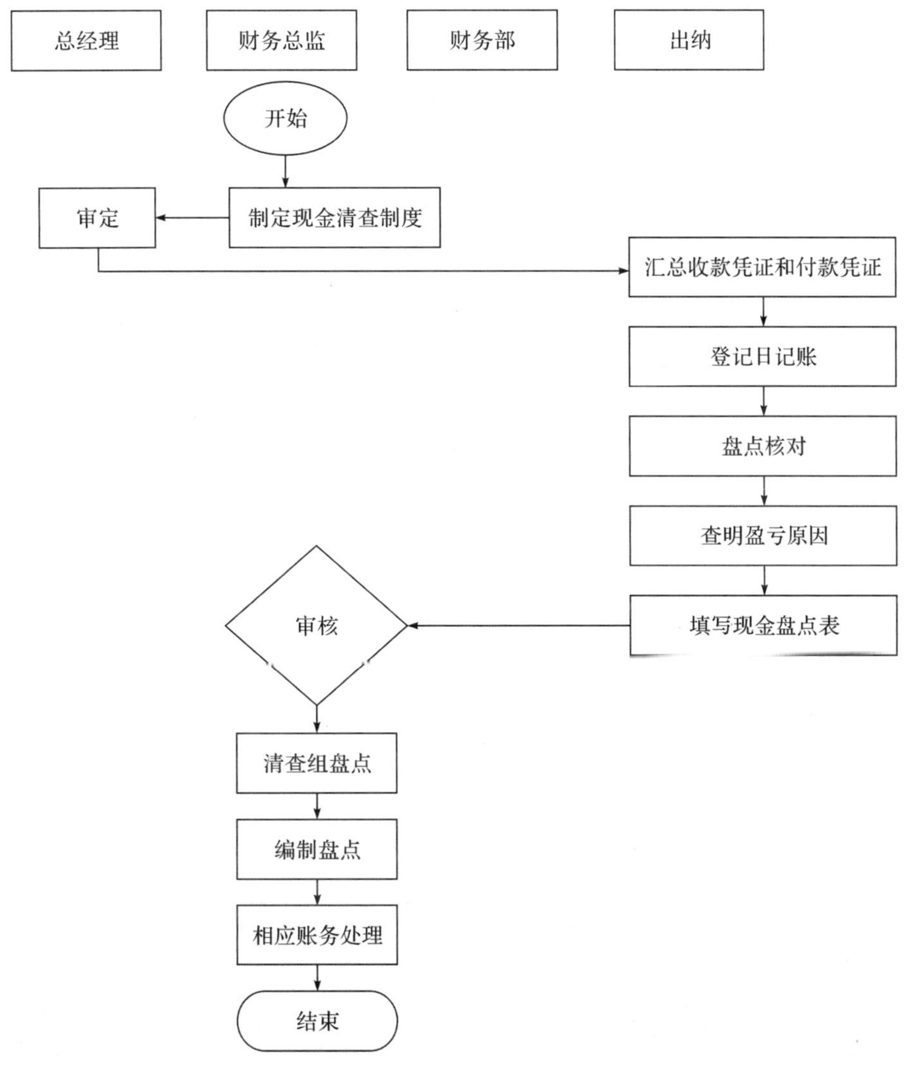

图 8-7　现金清查流程

(四)现金清查的方法

企业现金清查一般采用实地盘点的方法,突击性地进行,不事先通知出纳人员,以防预先做手脚。盘点时间最好在一天业务开始之前或一天业务结束后。

首先,在盘点前,出纳人员应先将现金收付凭证全部登记入账,并结出余额。

其次,盘点前,出纳人员必须在场,现金由出纳人员经手盘点,清查人员从旁监督。盘点时,除查明账实是否相符外,还要查明有无违反现金管理规定,如有无以"白条"抵冲现金、现金库存是否超过核定的限额、有无坐支现金等。

最后,盘点结束应根据盘点结果编制"库存现金盘点表"(见表 8-1),并由检查人员和出纳人员签名盖章,作为重要的原始凭证。

表 8-1　库存现金盘点表示例

单位名称			会计期间		盘点时间	
会计主管			出纳		监盘人	
日期			日期		日期	
实点现金			账实核对		核查结果	
货币面额	张数	金额	项目	金额	项目	金额
100 元			加:已付款未入账单据		盘点日调整后现金账面余额	
50 元					加:会计截止日至盘点日支出	
20 元			减:已收款未入账单据		减:会计截止日至盘点日收入	
10 元					倒轧至　年 月 日账面余额	
5 元			盘点日现金应有账面余额		年　月　日实际账面余额	
1 元			盘点日现金账面余额		差异	
5 角			长期存款			
1 角			短期存款		说明	
合计						

处理意见

(五)现金清查账务处理

1. 出现盘盈状况时

在查明原因前,应记:

借:库存现金

　　贷:待处理财产损溢

查出原因后,若应支付给有关人员的,应记:

借:待处理财产损溢

　　贷:库存现金

若无法查明原因，经批准后，应记：

借：待处理财产损溢

　　贷：营业外收入

2. 出现盘亏状况时

正好相反，查明原因前，应记：

借：待处理财产损溢

　　贷：库存现金

查出原因后，冲回，应记：

借：管理费用、营业外支出、原材料或其他应收款

　　贷：待处理财产损溢

四、现金报销业务

(一)票据整理和粘贴要求

(1)分类。将需要粘贴和不需要粘贴的票据进行分类，同类票据(如火车票类、公共汽车票类、出租车票类等)应集中在一起。

(2)粘贴票据的纸张大小。应用公司财务部门统一规定的票据单，粘贴在其上的票据不能超出该纸张的范围。

(3)粘贴要求。粘贴在一张纸上的所有票据统一按上下、左右起止的顺序均匀粘贴，确保粘贴后依然平整。粘贴在一张纸上后，所有票据将合计金额写在右上角金额处(见图8-8)。

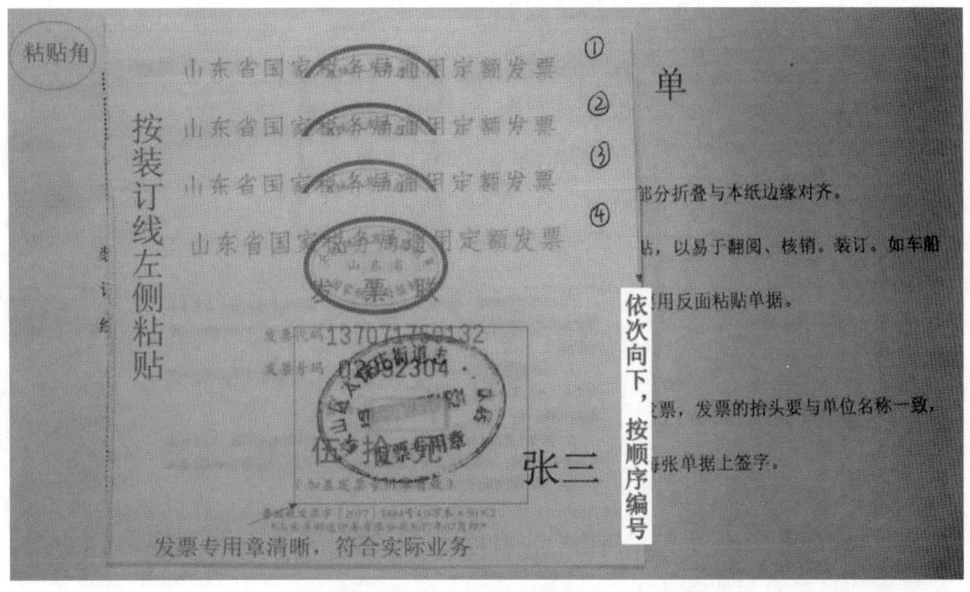

图8-8　报销单填写示范

(4)票据管理。出差所用的票据,个人必须保管好。如丢失票据过多,将不予以报销。

(5)不要将票据颠倒放置、粘贴。

(6)不要用订书机装订票据。

(7)粘贴票据尽量用适量的固体胶或液体胶。

(8)对于粘贴不规范的票据,请自行重新粘贴。

常见的差旅审批单和报销单如图 8-9、图 8-10 所示。

××××公司差旅费报销单

部门：销售部　　　　报销日期：2022 年 10 月 15 日

<table>
<tr><td colspan="3">出差人</td><td colspan="3">张三</td><td colspan="2">出差地点</td><td colspan="6">郑州</td></tr>
<tr><td colspan="3">出差事由</td><td colspan="11">前往郑州××公司洽谈业务</td></tr>
<tr><td colspan="4">起点</td><td colspan="4">终点</td><td rowspan="2">车</td><td rowspan="2">船</td><td rowspan="2">机</td><td rowspan="2">住宿费</td><td rowspan="6">单据张数</td><td rowspan="6">共
6
张</td></tr>
<tr><td>月</td><td>日</td><td>时</td><td>地点</td><td>月</td><td>日</td><td>时</td><td>地点</td></tr>
<tr><td>10</td><td>1</td><td>10:30</td><td>北京</td><td>10</td><td>1</td><td>12:30</td><td>郑州</td><td></td><td></td><td>800.00</td><td>2000.00</td></tr>
<tr><td>10</td><td>9</td><td>17:00</td><td>郑州</td><td>10</td><td>9</td><td>19:30</td><td>北京</td><td></td><td></td><td>900.00</td><td></td></tr>
<tr><td></td><td></td><td></td><td></td><td></td><td></td><td></td><td></td><td></td><td></td><td></td><td></td></tr>
<tr><td></td><td></td><td></td><td></td><td></td><td></td><td></td><td></td><td></td><td></td><td></td><td></td></tr>
<tr><td colspan="4">合计</td><td colspan="3">车船机票张数</td><td>2</td><td></td><td></td><td>1700.00</td><td>2000.00</td><td rowspan="2">预借金额</td><td rowspan="2">6000.00</td></tr>
<tr><td colspan="3">出差补贴</td><td colspan="9">9 天　每天¥180.00　　合计出差补贴　¥1620.00</td></tr>
<tr><td colspan="3">报销金额（大写）</td><td colspan="9">人民币伍仟叁佰贰拾元整　　¥5320.00</td><td>应退</td><td>680.00</td></tr>
<tr><td colspan="3">审核</td><td colspan="2"></td><td colspan="2">部门负责人</td><td></td><td colspan="2">出纳</td><td></td><td>经办</td><td colspan="2"></td></tr>
</table>

图 8-9　差旅费报销单填写示范

××××公司因公出差审批单

出差人姓名	李四	所在部门	销售部
出差原因	根据公司安排前往温州××公司开会。		
出差路线	2022 年 9 月 15 日　杭州　至　温州		
出差地点	2022 年 9 月 18 日　温州　至　杭州		
审批时间	2022 年 9 月 10 日		
审批人	赵六		
填表人	李四		

图 8-10　出差审批单填写示范

(二)准备阶段

(1)报销人填写差旅费报销单。

(2)审核人员审核、签字。审核内容主要包括：

①支出项目是否与业务相关。

②支出金额是否超标(参考预算、财务制度等资料)。

③审核车船机票、住宿费、补助费、发票日期等是否超限(发票真伪可通过税务局网站或者扫描票面二维码进行查询)。航空运输电子客票行程单(见图 8-11)是旅客购买航空运输电子客票的付款凭证或报销凭证,铁路运输使用纸质车票(见图 8-12)作为付款凭证或报销凭证。

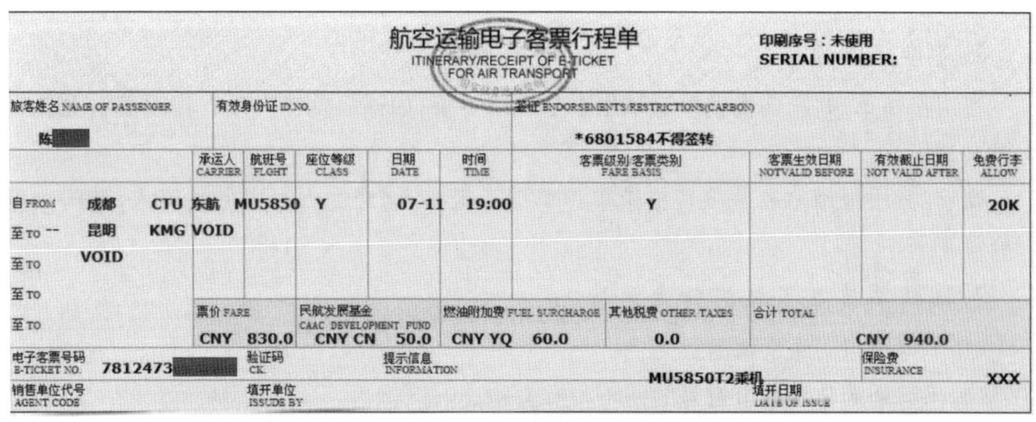

航空运输电子客票行程单
ITINERARY/RECEIPT OF E-TICKET FOR AIR TRANSPORT

印刷序号：未使用
SERIAL NUMBER:

旅客姓名 NAME OF PASSENGER：陈███
有效身份证 ID.NO.
签证 ENDORSEMENTS/RESTRICTIONS(CARBON)：*6801584不得签转

			承运人 CARRIER	航班号 FLIGHT	座位等级 CLASS	日期 DATE	时间 TIME	客票级别/客票类别 FARE BASIS	客票生效日期 NOTVALID BEFORE	有效截止日期 NOT VALID AFTER	免费行李 ALLOW
自 FROM	成都	CTU	东航	MU5850	Y	07-11	19:00	Y			20K
至 TO --	昆明	KMG	VOID								
至 TO	VOID										
至 TO											
至 TO											

票价 FARE	民航发展基金 CAAC DEVELOPMENT FUND	燃油附加费 FUEL SURCHARGE	其他税费 OTHER TAXES	合计 TOTAL
CNY 830.0	CNY CN 50.0	CNY YQ 60.0	0.0	CNY 940.0

电子客票号码 E-TICKET NO.：7812473███
验证码 CK.
提示信息 INFORMATION：MU5850T2乘机
保险费 INSURANCE：XXX
销售单位代号 AGENT CODE
填开单位 ISSUDE BY
填开日期 DATE OF ISSUE

图 8-11　航空运输电子客票行程单

781043K45
北京西售
北京西 G69次 长沙南
BeiJingXi ChangShaNan
2015年03月25日 13:05开 11车16B号
¥649.50元 高铁二等座
限乘当日当次车
李███
430521********███
2443-7049-7832-8110-43K4-5

图 8-12　高铁报销凭证

(三)核实资料

出纳人员收到差旅费报销单后,应审核各项签字是否齐全、准确,是否有借款等。

(四)办理阶段

冲销借款,并点算现金,收款人签名(或填开收据)确认,然后支付现金,同时盖上现金付讫章。

(五)账务处理阶段

(1)登记现金日记账和借款台账。

(2)与会计人员交接,将差旅费报销单和相关发票粘贴好交于会计人员。

(六)审核要点

1.签字不齐全

费用报销单、差旅费报销单等单据上签字不齐全,如部门负责人没有签字或财务负责人没有签字。

要求:费用报销单或差旅费报销单等单据上报销人(经办人)、财务负责人、部门负责人均要签字。

2.报销单填写不规范的常见情况

(1)不得使用圆珠笔填写。

(2)小写金额与人民币符号之间不得有空格。

(3)大写金额无数字部分没有用零或ⓧ补齐。

(4)报销单上的字迹有涂改和勾抹。

(5)大写金额书写有误。

(6)大写金额与小写金额不一致。

(7)项目填写不完整,报销部门、报销日期、附件张数等有漏填写的。

3.报销原始单据的常见不规范问题

(1)取得的发票不合规。

(2)取得的收据上没有加盖销售方财务章。

(3)出差日期和行程不符,手撕非机打车票连号或同一号段报销。

(4)报销的手撕非机打车票上没有国税监制章;或虽有国税监制章,但是没有防伪识别码或水印。

4.报销单粘贴的常见不规范问题

(1)票据粘贴杂乱无章。

(2)票据使用订书机装订。

(3)火车票等票据上的日期、票价等重要信息被胶水粘住,无法查看。

【工作场景】

1.出纳兼任会计?

一家以OTA(在线旅游)业务为主的小型旅行社,出于精减人员的目的,财务部只设了主管会计和出纳。为了提高工作效率，在分工上，出纳负责现金日记账、银行存款日记账、应收账款明细账和应付账款明细账的登记工作。

之所以这样分工，据该企业负责人讲，是考虑到企业银行存款的增加主要是商品销售收入，而该企业的线上旅游线路和产品销售又是以赊销为主，为了减少核算上凭证的传递环节，提高工作效率，就让出纳既登记银行存款日记账，又登记应收/应付账款明细账。结果这名出纳充分利用这种有利条件，大肆贪污，很长一段时间内竟然无人发觉。

分析要点：出纳不能兼任稽核、会计档案保管以及收入、支出、费用、债权债务账面的登记工作。

• **工作建议**

____

____

____

____

____

____

【工作误区】

1. 费用报销单或差旅费报销单上签字不齐全

费用报销单或差旅费报销单上签字不齐全，如部门负责人没有签字或财务负责人没有签字。

要求：费用报销单或差旅费报销单上报销人、财务负责人、部门负责人均应签字，如分公司当地没有设立专门财务人员的，兼职财务人员应在财务负责人处签字。

2. 报销单填写不规范的问题

(1)小写金额与人民币符号之间有空格。

要求：小写金额与人民币符号之间不得有空格，不得连笔。

正确写法：￥100.00；错误写法：￥ 100。

(2)大写金额无数字部分没有用零或ⓧ补齐。

要求：大写金额无数字部分用零或ⓧ补齐。

(3)报销单上的字迹有涂改和勾抹。

要求：报销单上的字迹不得涂改或勾抹，如有书写错误，需要重新填写。

(4)大写金额书写有误。

要求：大写金额填写应规范，无书写错误。

大写数字示例：零、壹、贰、叁、肆、伍、陆、柒、捌、玖、拾、佰、仟、万。

(5)大写金额与小写金额不一致。

要求:小写金额与大写金额应保持一致。

(6)项目填写不完整,报销部门、报销日期、附件张数等有漏填写的。

要求:项目要填写完整,报销部门、报销日期、报销项目、附件张数等要填写完整。

3.报销原始单据的问题

(1)取得的发票上没有加盖销售方发票章。

要求:发票上要求盖有销售方的发票专用章,并且与销售方名称一致,否则不得报销。

(2)取得的收据上没有加盖销售方财务章。

要求:收据上要求盖有销售方财务章,没有财务章的不得报销。

(3)出差日期和行程不符,手撕非机打车票连号或同一号段报销。

要求:出差日期和行程应相符,手撕非机打车票不得连号或同一号段报销。

(4)报销的手撕非机打车票上没有国税监制章;或虽有国税监制章,但是没有防伪识别码或水印,否则不得报销。

要求:手撕非机打车票要印有国税监制章,并且要有防伪识别码或水印,否则不得报销。

4.报销单粘贴的问题

(1)票据粘贴杂乱无章。

要求:票据先分类,再按时间排序,依次粘贴到粘贴单上;票据需要均匀地粘贴,不能厚薄不均,确保单据平整。

(2)票据使用订书机装订。

要求:使用适量固体胶或液体胶粘贴附件。

(3)火车票上的日期、票价等重要信息,被胶水粘住,无法查看。

要求:票据上的日期、金额等重要信息不得被胶水粘贴住,要保证票据信息可见可查。

【工作实务】

1.2021年10月17—19日,杭州钱塘新区文化馆李望乘坐高铁去上海出差,考察动漫博览会。10月20日,李望去财务部门报销,包括2张高铁票,金额共计148元;贵都大酒店住宿费发票1张,2晚,金额共计1460元。李望在10月15日找部门主管蔡一凡批准出差申请,上海的差旅补贴费为180元一天。请根据以上信息填写出差审批单(见图8-13)和报销单(见图8-14)。

杭州钱塘新区文化馆因公出差审批单

<table>
<tr><td>出差人姓名</td><td></td><td>所在部门</td><td></td></tr>
<tr><td>出差原因</td><td colspan="3"></td></tr>
<tr><td>出差路线</td><td colspan="3">年　月　日　　至</td></tr>
<tr><td>出差地点</td><td colspan="3">年　月　日　　至</td></tr>
<tr><td>审批时间</td><td colspan="3">年　月　日</td></tr>
<tr><td>审批人</td><td colspan="3"></td></tr>
<tr><td>填表人</td><td colspan="3"></td></tr>
</table>

图 8-13　填写出差审批单

杭州钱塘新区文化馆差旅费报销单

部门：　　　　　　　　　　　　　　　　　　　　　　报销日期：　年　月　日

<table>
<tr><td colspan="3">出差人</td><td colspan="2"></td><td colspan="2">出差地点</td><td colspan="7"></td></tr>
<tr><td colspan="3">出差事由</td><td colspan="11"></td></tr>
<tr><td colspan="4">起点</td><td colspan="4">终点</td><td rowspan="2">车</td><td rowspan="2">船</td><td rowspan="2">机</td><td rowspan="2">住宿费</td><td rowspan="6">单据张数</td><td rowspan="6">共
张</td></tr>
<tr><td>月</td><td>日</td><td>时</td><td>地点</td><td>月</td><td>日</td><td>时</td><td>地点</td></tr>
<tr><td></td><td></td><td></td><td></td><td></td><td></td><td></td><td></td><td></td><td></td><td></td><td></td></tr>
<tr><td></td><td></td><td></td><td></td><td></td><td></td><td></td><td></td><td></td><td></td><td></td><td></td></tr>
<tr><td></td><td></td><td></td><td></td><td></td><td></td><td></td><td></td><td></td><td></td><td></td><td></td></tr>
<tr><td></td><td></td><td></td><td></td><td></td><td></td><td></td><td></td><td></td><td></td><td></td><td></td></tr>
<tr><td colspan="4">合计</td><td colspan="3">车船机票张数</td><td></td><td></td><td></td><td></td><td></td><td rowspan="2">预借金额</td><td rowspan="2"></td></tr>
<tr><td colspan="3">出差补贴</td><td colspan="9">______天，每天¥__________，合计出差补贴¥____________</td></tr>
<tr><td colspan="3">报销金额（大写）</td><td colspan="9">人民币 ______________________ ¥____________</td><td>应退</td><td></td></tr>
<tr><td colspan="3">审核</td><td colspan="2"></td><td colspan="2">部门负责人</td><td></td><td colspan="2">出纳</td><td></td><td>经办</td><td colspan="2"></td></tr>
</table>

图 8-14　填写差旅费报销单

【工作任务】

1. 找寻一家酒店、旅行社或文化公司等，了解其现金清查流程。

2. 搜集合法报销凭证 3～5 张，填写现金报销单，进行审核并报销。

3. 搜集不同形式的电子发票，比较 PDF 格式电子发票、OFD 格式电子发票、区块链电子发票、全电发票等的区别。

班级		姓名		学号	

工作情境9　金融体系

【工作目标】

1. 知识与技能目标：了解金融业的发展历史，熟悉中国人民银行的职责，熟悉商业银行职能，掌握银行出纳岗位技能。

2. 情感与态度目标：树立文明服务的职业态度，提升服务水平。

【工作背景】

我国银行业具有悠久的历史，钱庄、银号、票号、账局、印局、当铺等都是旧时不同形式、不同内容的金融性组织。其中，当铺历史最为悠久，其次为钱庄。钱庄产生于明朝。白银是官府征收田赋和各种商税，发放官兵俸饷、工商业大宗交易使用的主要货币。铜钱则是农民出售农副产品和农民、市民、官兵购买生活必需品时使用的主要货币。两种货币用途不同，出现了必须互相兑换的社会需求。正是这种需求，产生了这样一种承担货币兑换职能的组织——钱庄。钱庄是旧中国早期的一种信用机构，主要分布在上海、南京、杭州、宁波、福州等地，大多为独资或合伙组织。规模较大的钱庄，除办理存款、贷款业务外，还可签发庄票、银票、钱票，用户可凭票兑换货币。

明清以来，山西平遥商业贸易发达，一度成为全国商业金融中心。货币流通量异乎寻常庞大，作为市场交换中介的货币兑换，自然有别于其他地区。平遥很早就产生了钱庄，清乾隆年间已成立"钱业公会"，每天公布钱行兑换行市。

清末，银行逐渐兴起，替代了钱庄。新中国成立后，钱庄多数停业。上海未停业的银行则与私营银行、信托公司一起，组成公司合营银行。

截至2021年底，全国共有4602家银行业金融机构，其中国有大型商业银行6家、股份制商业银行12家、城市商业银行128家、农村商业银行1596家、农村信用社577家(含25家省级联社)、农村合作银行23家、村镇银行1651家、民营银行19家、政策性银行3家、住房储蓄银行1家、企业集团财务公司255家、金融租赁公司71家、信托公司68家、农村资金互助社39家、外资法人银行41家、汽车金融公司25家、消费金融公司30

家、贷款公司 13 家、货币经纪公司 6 家、金融资产管理公司 5 家、其他金融机构 33 家。

【工作用具】

5～10 家不同银行的标志(logo)、借记卡、银行理财产品的介绍材料等。

【工作内容】

一、金融机构体系演变

(一)典当

在古代,典当亦称“当铺”或“押店”,是用来收取物品作抵押,发放高利贷的一种金融机构。历代典当名目繁多,又称质库、解库、典铺、长生库等(见图 9-1)。

图 9-1　当铺

我国最早的典当业出现于南北朝。最早有关典当的记载见于《后汉书・刘虞传》:“虞所赉赏,典当胡夷。”旧时,典当多以收取衣物等动产作为抵押品,按借款人提供的质押品价值打折扣,贷放现款,定期收回本金和利息。到期不能赎取者,质押品由当铺没收,也有的典当可用不动产作质押品。借贷时,先要送上实物,验收作押,由当铺付给“当票”,载明所当物品及押借价款,作为当户到期赎取押品的凭证。为使业外人无法辨认,书写当票多用特殊字体。借款期限、押借金额和利息高低,根据押品性质和当铺大小因地而异。期限一般为 6 个月至 2 年不等。押借金额大多在押品价值五成上下,到期无力取赎,就成“死当”,押品由当铺没收。

典当业是人类最古老的行业之一,堪称现代金融业的鼻祖,是抵押银行的前身。中国是世界上最早出现典当活动并形成典当业的国家之一。明英宗正统年间(1436—1449 年),大明宝钞贬值,政府放松用银禁令,银钱公开流通,兑换业更为发达。在此情况下,贩卖铜钱和私铸私熔者更多，于是出现若干专营铜钱兑换的金融组织，称为钱店，又叫钱铺、钱庄、兑店、钱肆、钱桌或钱摊等。明嘉靖八年(1529 年)，私贩铜钱猖獗，政府下令禁止贩卖铜钱，导致经营货币兑换业务的钱桌、钱铺等“私相结约，各闭钱市，以致物价翔踊”。明万历五年(1577 年)，庞尚鹏奏准设立钱铺，是为钱铺法定之始，以市镇中殷实户充任，随其资金多寡，向官府买进制钱，以通交易。

清朝典当业活动范围由城市深入农村，成为遍布全国城乡的重要借贷组织。康熙时，据税收资料估计，全国至少有典当两万余家。乾隆时，北京城内外有官民开设的大小当铺共六七百家。鸦片战争后，由于城乡人民生计日益贫困，典当业出现“典、当、质、按、押”不同等级的划分。

此外，还有一种“代当”，亦称“代岁”“接典”，多设于乡镇，如为大典当的分店，称“本代”；与大当铺订立合同，经营质押的代理业务，则称“客代”。借款人去当铺借贷，主要是应付家庭生活中的紧迫需要或者小规模生产。

早期典当业多系独资经营，资本自数千两至数万两不等，封建官府和贵族官僚把它看作营运资本的有利处所。国库和地方各库官款经常拨出一部分发交典商、当商生息，称为生息银，通常为七八厘至一分。康熙时，刑部尚书徐乾学曾将本银十万两交给布商陈天石经营典当；乾隆时，大学士和珅拥有当铺 75 座；光绪时，大买办商人胡光墉有当铺 20 余处，分设各省。

典当业集中体现了官僚、地主、商人三位一体的高利贷资本的活动。官款存放生息曾是这种高利贷活动的有力支柱，一般当铺还可自己签发银票、钱票等，作为信用工具，因而其贷出金额(俗称“架本”)远远超过自有资本。后来，官银钱号开设，票号、钱庄业务发达，官额存放减少，则依靠票号、钱庄转手借贷的支持，原有典铺、当铺逐渐衰落。清光绪十四年(1888 年)，北京以外各省典当共 7000 余家，较前期减少很多。1912 年，全国登记的典当数减至 4000 余家。押店数量则继续增加，其营业重点亦逐步由城市转向乡镇。

1987 年 12 月，新中国的第一家典当行——成都市华茂典当服务商行成立。此后，典当行的兴办大潮席卷全国。现代典当行如图 9-2 所示。

图 9-2　现代典当行

现在，注册典当行需先经商务部审批并颁发《典当经营许可证》。申请人领取《典当经营许可证》后，应当在10日内向所在地县级人民政府公安机关申请典当行《特种行业许可证》。申请人领取《特种行业许可证》后，应当在10日内到工商行政管理机关申请登记注册，领取营业执照后，方可营业。

典当行注册资本最低限额为300万元；从事房地产抵押典当业务的，注册资本最低限额为500万元；从事财产权利质押典当业务的，注册资本最低限额为1000万元。典当行的注册资本最低限额应当为股东实缴的货币资本，不包括以实物、工业产权、非专利技术、土地使用权作价出资的资本。

(二)钱庄

钱庄是中国封建社会后期出现的一种金融组织。其最初业务主要是货币兑换，后逐渐增加存款、放款和汇兑等业务。到清乾隆年间，钱庄已有相当规模。

钱庄大多分布于长江流域及江南各大城市，钱庄业中心在上海。上海钱庄视资本规模的大小划分为汇划钱庄(参加钱业公会的钱庄)、非汇划钱庄(不能参加钱业公会的元、亨、利、贞字号钱庄)。钱庄有独资经营的，亦有合资经营的，实行无限责任制。

明末，钱庄已成为一种独立经营的金融组织，不仅经营兑换，还办理放款，提供签发帖子取款的便利，原来在两地联号汇兑的汇票，也成为钱庄发行有钞票性质的信用流通工具。此外，小规模的兑钱铺、钱米铺等在农村也相当活跃。

随着钱庄数量增多，到清朝时各地先后出现了钱庄的行会组织，银行逐渐兴起，替代了钱庄。

二、我国金融体系的构成

目前，我国金融体系是以中央银行为核心，国有商业银行和政策性银行为主体，多种金融机构并存，分业协作的金融中介机构体系格局。

(一)中央银行

根据《中国人民银行法》规定，中国人民银行是中华人民共和国的中央银行。中国人民银行在国务院领导下，制定和执行货币政策，防范和化解金融风险，维护金融稳定。

(二)政策性银行

政策性银行是指由政府创立，以贯彻政府的经济政策为目标，在特定领域开展金融业务并不以盈利为目的的专业性金融机构。实行政策性金融与商业性金融相分离，组建政策性银行，承担严格界定的政策性业务，同时实现专业银行商业化，发展商业银行，大力发展商业金融服务以适应市场经济的需要，是我国金融体制改革的一项重要内容。

1994年，我国政府设立了国家开发银行、中国进出口银行、中国农业发展银行三大政策性银行,均直属国务院领导。

2015年3月,国务院明确将国家开发银行定位为开发性金融机构,从政策性银行序列中剥离。

政策性银行不同于政府的中央银行,也不同于其他商业银行,它的重要作用在于弥补商业银行在资金配置上的缺陷,健全与优化金融体系的整体功能。

1.中国进出口银行

中国进出口银行是由国家出资设立、直属国务院领导、支持中国对外经济贸易投资发展与国际经济合作、具有独立法人地位的国有政策性银行。进出口银行是中国外经贸支持体系的重要力量和金融体系的重要组成部分,是中国机电产品、成套设备和高新技术产品出口及对外承包工程及各类境外投资的政策性融资主渠道、外国政府贷款的主要转贷行和中国政府援外优惠贷款的承贷行。

2.中国农业发展银行

中国农业发展银行成立于1994年,是国家出资设立、直属国务院领导、支持农业农村持续健康发展、具有独立法人地位的国有政策性银行。其主要任务是以国家信用为基础,以市场为依托,筹集支农资金,支持"三农"事业发展,发挥国家战略支撑作用。其经营宗旨是紧紧围绕服务国家战略,建设定位明确、功能突出、业务清晰、资本充足、治理规范、内控严密、运营安全、服务良好、具备可持续发展能力的农业政策性银行。

(三)商业银行

商业银行是以经营工商企业存款贷款、个人储蓄和消费信贷为主要业务,以利润为其主要经营目标的金融机构。

商业银行的作用体现:充当企业之间的信用中介,充当企业之间的支付中介,变社会各阶层的积蓄和收入为资本,创造信用流通工具。在其业务合作中,商业银行成为银行券和存款货币的创造者。

城市商业银行是我国银行业的重要组成和特殊群体,其前身是20世纪80年代设立的城市信用社。

(四)非银行金融机构

非银行金融机构是指以发行股票和债券、接受信用委托、提供保险等形式筹集资金,并将所筹资金运用于长期性投资的金融机构。

非银行金融机构与银行的区别在于信用业务形式不同,其业务活动范围的划分取决于国家金融法规的规定。非银行金融机构在社会资金流动过程中所发挥的作用是:从最终借款人那里买进初级证券,并为最终贷款人持有资产而发行间接债券。通过非银行金融机构的这种中介活动,可以降低投资的单位成本;可以通过多样化降低投资风险,调整期限结构以最大限度地缩小流动性危机的可能性;可以正常地预测偿付要求的情况,即使流动性比较小的资产结构也可以应付自如。非银行金融机构吸引无数债权人、债务人从事大规模借贷活动，可以用优惠贷款条件的形式分到债务人身上，可以用利息支付和其他利息形式分到债权人身上，也可以用优厚红利的形式分到股东身上以吸引更多的资本。

我国非银行金融机构的形式主要有信托投资公司、租赁公司和保险公司等。

三、中国人民银行

(一)地位和职责

中国人民银行是中华人民共和国的中央银行。中国人民银行在国务院领导下，制定和实施货币政策，对金融业实施监督管理，依《中国人民银行法》独立执行货币政策，履行职责，开展业务，不受地方政府、各级政府部门、社会团体和个人的干涉。其货币政策目标是保持货币币值的稳定，并以此促进经济增长。

中国人民银行履行下列职责：①依法制定和执行货币政策；②发行人民币，管理人民币流通；③按照规定审批、监督管理金融机构；④按照规定监督管理金融市场；⑤发布有关金融监督管理和业务的命令和规章；⑥持有、管理、经营国家外汇储备、黄金储备；⑦经理国库；⑧维护支付、清算系统的正常运行；⑨负责金融业的统计、调查、分析和预测；⑩作为国家的中央银行，从事有关的国际金融活动；⑪国务院规定的其他职责。

(二)业务

中国人民银行为执行货币政策，可以运用下列货币政策工具：①要求银行业金融机构按照规定的比例交存存款准备金；②确定中央银行基准利率；③为在中国人民银行开立账户的银行业金融机构办理再贴现；④向商业银行提供贷款；⑤在公开市场上买卖国债和其他政府债券及外汇；⑥国务院确定的其他货币政策工具。中国人民银行为执行货币政策，在运用上述货币政策工具时，可以规定具体的条件和程序。

中国人民银行依照法律、行政法规的规定经理国库；可以代理国务院财政部门向各金融机构组织发行、兑付国债和其他政府债券；可以根据需要，为银行业金融机构开立账户，但不得对银行业金融机构的账户透支。中国人民银行应当组织或者协助组织银行业金融机构相互之间的清算系统，协调银行业金融机构相互之间的清算事项，提供清算服务，具体办法由中国人民银行规定。中国人民银行根据执行货币政策的需要，可以决定对商业银行贷款的数额、期限、利率和方式，但贷款的期限不得超过一年。

中国人民银行不得对政府财政透支，不得直接认购、包销国债和其他政府债券；不得向地方政府、各级政府部门提供贷款，不得向非银行金融机构以及其他单位和个人提供贷款，但国务院决定中国人民银行可以向特定的非银行金融机构提供贷款的除外；不得向任何单位和个人提供担保。

(三)组织机构

中国人民银行设行长一人，副行长若干人。中国人民银行行长的人选，根据国务院总理的提名，由全国人民代表大会决定；全国人民代表大会闭会期间，由全国人民代表大会常务委员会决定，由中华人民共和国主席任免。中国人民银行副行长由国务院总理任免。

中国人民银行根据履行职责的需要设立分支机构，作为中国人民银行的派出机构。中国人民银行对分支机构实行集中统一领导和管理。

(四)金融监督管理

中国人民银行依法监测金融市场的运行情况，对金融市场实施宏观调控，促进其协调发展。

中国人民银行有权对金融机构以及其他单位和个人的下列行为进行检查监督：①执行有关存款准备金管理规定的行为；②与中国人民银行特种贷款有关的行为；③执行有关人民币管理规定的行为；④执行有关银行间同业拆借市场、银行间债券市场管理规定的行为；⑤执行有关外汇管理规定的行为；⑥执行有关黄金管理规定的行为；⑦代理中国人民银行经理国库的行为；⑧执行有关清算管理规定的行为；⑨执行有关反洗钱规定的行为。

四、商业银行

(一)设立和组织机构

我国商业银行的组织形式、组织机构适用《中华人民共和国公司法》(以下简称《公司法》)的规定。《中华人民共和国商业银行法》(以下简称《商业银行法》第 13 条规定："设立全国性商业银行的注册资本最低限额为 10 亿元人民币。设立城市商业银行的注册资本最低限额为 1 亿元人民币，设立农村商业银行的注册资本最低限额为 5000 万元人民币。注册资本应当是实缴资本。"

商业银行可以经营下列部分或者全部业务：①吸收公众存款；②发放短期、中期和长期贷款；③办理国内外结算；④办理票据承兑与贴现；⑤发行金融债券；⑥代理发行、代理兑付、承销政府债券；⑦买卖政府债券、金融债券；⑧从事同业拆借；⑨买卖、代理买卖外汇；⑩从事银行卡业务；⑪提供信用证服务及担保；⑫代理收付款项及代理保险业务；⑬提供保管箱服务；⑭经国务院银行业监督管理机构批准的其他业务。

(二)对存款人的保护

商业银行办理个人储蓄存款业务，应当遵循存款自愿、取款自由、存款有息、为存款人保密的原则。

对个人储蓄存款，商业银行有权拒绝任何单位或者个人查询、冻结、扣划，但法律另有规定的除外。

对单位存款，商业银行有权拒绝任何单位或者个人查询，但法律、行政法规另有规定的除外；有权拒绝任何单位或者个人冻结、扣划，但法律另有规定的除外。

商业银行应当按照中国人民银行规定的存款利率的上下限，确定存款利率，并予以公告。商业银行应当按照中国人民银行的规定，向中国人民银行交存存款准备金，留足备付金。商业银行应当保证存款本金和利息的支付，不得拖延、拒绝支付存款本金和利息。

（三）贷款基本规则

商业银行贷款，应当对借款人的借款用途、偿还能力、还款方式等情况进行严格审查；应当实行审贷分离、分级审批的制度。商业银行贷款，借款人应当提供担保。商业银行应当对保证人的偿还能力，抵押物、质物的权属和价值以及实现抵押权、质权的可行性进行严格审查。经商业银行审查、评估，确认借款人资信良好，确能偿还贷款的，可以不提供担保。

商业银行贷款，应当与借款人订立书面合同。合同应当约定贷款种类、借款用途、金额、利率、还款期限、还款方式、违约责任和双方认为需要约定的其他事项。

商业银行贷款，应当遵守下列资产负债比例管理的规定：①资本充足率不得低于8%；②流动性资产余额与流动性负债余额的比例不得低于25%；③对同一借款人的贷款余额与商业银行资本余额的比例不得超过10%；④国务院银行业监督管理机构对资产负债比例管理的其他规定。

【工作场景】

1. 员工的爆料猎奇，侵犯客户隐私

李某与××银行签订《个人信用贷款合同》。在办理个人征信授权材料过程中，客户经理为李某拍摄了照片。照片中李某一手持填写完整的个人征信授权书，另一手持身份证原件。随后，网络博文出现关于该笔贷款信息的重要爆料，并配有相应图片。该银行随即就贷款信息泄露行为，向李某赔礼道歉，最终，案件讼至法院。

- **工作建议**

2. 利用职权，违规查询公民征信或非法提供客户信息

吴某在银行工作期间，在明知诸某、陈某利用银行系统，违规为闫某查询公民个人征信信息，提供给闫某并收取费用的情况下，仍帮助诸某、陈某违规为闫某查询有关信息，并将查询到的相关征信信息通过邮箱发送给闫某。截至案发，公安机关查证吴某共计向闫某提供公民个人征信信息 830 余条。

- **工作建议**

____

____

____

____

____

____

3. 侵占、挪用客户资金，百万理财资金不翼而飞？

2021 年 4 月底，内蒙古银保监局公布的一纸罚单牵出了××银行理财"飞单"案件。哈某和秦某的儿子为恋爱关系，并准备结婚，哈某当时为秦某的"准儿媳"。然而，秦某通过哈某购买了××银行 100 万元理财产品后，理财产品快到期时"准儿媳"却无法取得联系。××银行呼和浩特分行查询后发现该理财单在系统中并不存在，后经查，理财资金并未汇入××银行呼和浩特分行的公用账户，而是汇入了案外人某公司的账户。

理财产品购买程序看起来并无异样——秦某提交的一份 2015 年 2 月 28 日签订的《理财产品销售协议书》，甲方处由秦某签字，乙方处加盖了××银行呼和浩特分行营业部业务章，同时加盖了客户经理哈某的个人签章以及二次见证人员吕某某的个人签章。哈某还向秦某出具了"××银行客户回单"两联，确认金额为 100 万元，该客户回单同样加盖了上述柜面业务章。

- **工作建议**

____

____

____

____

____

____

【工作任务】

1.熟悉《典当经营许可证》的办理材料和过程。

2.请描述我国金融体系的构成，了解银保监会关于《巴塞尔协议Ⅲ》国内监管规制的修订的重点内容。

3.模拟银行工作礼仪坐姿、站姿及日常业务中的礼仪用语。

班级		姓名		学号	

工作情境 10　银行账户

【工作目标】

1. 知识与技能目标：熟练掌握开立、使用、变更和撤销银行账户的流程，熟练填写常见银行结算相关票据。

2. 情感与态度目标：传递“清清楚楚算账，明明白白做人”的价值观，树立反洗钱的工作态度，防范并警惕银行账户的交易风险和可疑行为，坚定合理合法使用银行账户的情感态度。

【工作背景】

明末清初之际，出现了一种记账法——“龙门账”，是山西人傅山根据唐宋以来“四柱结算法”原理设计出的一种适合于民间商业的会计核算方法。这种方法将全部账目划分为进、缴、存、该四大类，“进”指全部收入，“缴”指全部支出，“存”指资产并包括债权，“该”指负债并包括业主投资。四者的关系是：“该＋进＝存＋缴”，或“进－缴＝存－该”。结账时“进”大于“缴”或“存”大于“该”即为盈利。傅山将这种双轨计算盈亏，并检查账目平衡关系的会计方法，形象地称为“合龙门”，龙门账因此而得名。龙门账标志着中式簿记由单式记账向复式记账的转变。

清朝时，会计制度又有新的突破，在“龙门账”的基础上发明了“四脚账”。四脚账是一种比较成熟的复式记账方法，注重经济业务的收方（即来方）和付方（即去方）的账务处理，不论现金收付事项或非现金收付事项（转账事项）都在账簿上记录两笔，既记入“来账”，又记入“去账”，而且来账和去账所记金额必须相等，否则说明账务处理有误。这种记账法的基本原理与西式复式记账法相同。

【工作用具】

个人身份证原件、企业法人营业执照等。

【工作内容】

银行账户是社会资金运行的起点和终点，是单位和个人生产生活的重要基础，银行账户管理有序对促进企业生产、满足人民群众美好生活需要以及维护社会经济秩序至关重要。

在个人银行账户服务方面，为规范人民币银行结算账户的开立和使用，加强银行结算账户管理，维护经济金融秩序稳定，主要根据《中国人民银行法》和《商业银行法》等法律法规加强银行结算账户管理。

2015年以来，中国人民银行立足我国国情，顺应银行账户业务创新发展需求，启动个人银行账户制度改革，以落实银行账户实名制和保护存款人合法权益为核心，以兼顾安全和效率为原则，以建立银行账户资金和信息保护机制为目标，按照鼓励创新与防范风险相协调的管理思路，构建全新的个人银行账户体系，建立并全面推行个人银行账户分类管理制度，陆续印发《关于改进个人银行账户服务加强账户管理的通知》(银发〔2015〕392号)、《关于落实个人银行账户分类管理制度的通知》(银发〔2016〕302号)等。

互联网技术的飞速发展和个人经济活动的丰富多元，对个人银行账户提出了许多新要求。中国人民银行发布人民币银行结算账户管理规定，要求银行在切实落实账户实名制的前提下，根据开户申请人身份信息核验方式及风险评级，审慎确定银行账户功能、支付渠道和支付限额，并进行分类管理和动态管理。

一、银行账户的分类

情境10-1 银行账户

根据《人民币银行结算账户管理办法》的规定，人民币银行结算账户(以下简称银行结算账户)，是指银行为存款人开立的办理资金收付结算的人民币活期存款账户。这里的"存款人"，是指在中国境内开立银行结算账户的机关、团体、部队、企业、事业单位、其他组织(以下统称单位)、个体工商户和自然人；"银行"，是指在中国境内经中国人民银行批准经营支付结算业务的政策性银行、商业银行(含外资独资银行、中外合资银行、外国银行分行)、城市信用合作社、农村信用合作社。

按照存款人的不同，银行结算账户分为单位银行结算账户和个人银行结算账户。

(1)存款人以单位名称开立的银行结算账户为单位银行结算账户。单位银行结算账户按用途分为基本存款账户、一般存款账户、专用存款账户、临时存款账户(见图10-1)。个体

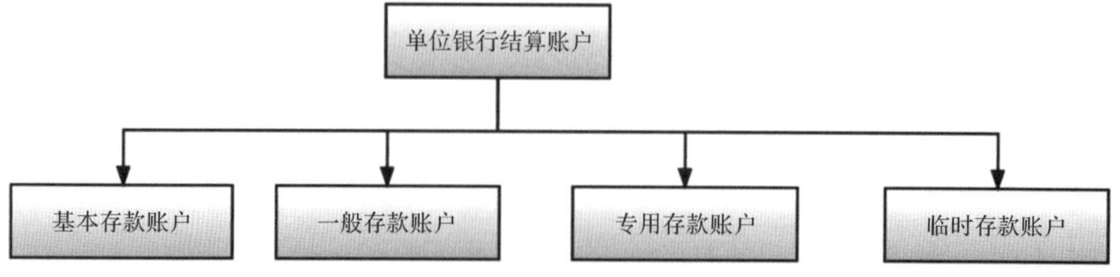

图10-1 单位银行结算账户

工商户凭营业执照以字号或经营者姓名开立的银行结算账户纳入单位银行结算账户管理。

(2)存款人凭个人身份证件以自然人名称开立的银行结算账户为个人银行结算账户。邮政储蓄机构办理银行卡业务开立的账户纳入个人银行结算账户管理。

二、单位银行结算账户

(一) 基本存款账户

1. 基本存款账户的概念

基本存款账户是指存款人因办理日常转账结算和现金收付需要开立的银行账户。下列存款人,可以申请开立基本存款账户:企业法人;非法人企业;机关、事业单位;团级(含)以上军队、武警部队及分散执勤的支(分)队;社会团体;民办非企业组织;异地常设机构;国外驻华机构;个体工商户;居民委员会、村民委员会、社区委员会;单位设立的独立核算的附属机构,包括食堂、招待所、幼儿园;其他组织,即按照现行的法律、行政法规规定可以成立的组织,如业主委员会、村民小组等组织。

2. 开户证明文件

存款人申请开立基本存款账户,应向银行出具下列证明文件:

(1)企业法人,应出具企业法人营业执照正本。

(2)非法人企业,应出具企业营业执照正本。

(3)机关和实行预算管理的事业单位,应出具政府人事部门或编制委员会的批文或登记证书和财政部门同意其开户的证明,因年代久远、批文丢失等原因无法提供政府人事部门或编制委员会的批文或登记证书的,凭上级单位或主管部门出具的证明及财政部门同意其开户的证明开立基本存款账户。机关和实行预算管理的事业单位出具的政府人事部门或编制委员会的批文或登记证书上,有两个或两个以上的名称的,可以分别开立基本存款账户。非预算管理的事业单位,应出具政府人事部门或编制委员会的批文或登记证书。

(4)军队、武警团级(含)以上单位以及分散执勤的支(分)队,应出具军队军级以上单位财务部门、武警总队财务部门的开户证明。

(5)社会团体,应出具社会团体登记证书,宗教组织还应出具宗教事务管理部门的批文或证件。

(6)民办非企业组织,应出具民办非企业登记证书。

(7)外地常设机构,应出具其驻在地政府主管部门的批文。对于已经取消外地常设机构审批的省(区、市),应出具派出地政府部门的证明文件。

(8)外国驻华机构,应出具国家有关主管部门的批文或证明;外资企业驻华代表处、办事处,应出具国家登记机关颁发的登记证。

(9)个体工商户,应出具个体工商户营业执照正本。

(10)居民委员会、村民委员会、社区委员会,应出具其主管部门的批文或证明。

(11)独立核算的附属机构,应出具其主管部门充当基本存款账户开户许可证和批文。

(12)其他组织,如按照现行法律法规规定可以成立的业主委员会、村民小组等组织,应出具政府主管部门的批文和证明。

3.基本存款账户的使用

基本存款账户是存款人的主办账户,一个单位只能开立一个基本存款账户。存款人日常经营活动的资金收付及其工资、奖金和现金的支取,应通过基本存款账户办理。

(二)一般存款账户

1.一般存款账户的概念

一般存款账户是指存款人因借款或其他结算需要,在基本存款账户开户银行以外的银行营业机构开立的银行结算账户。

2.开户证明文件

存款人申请开立一般存款账户,应向银行出具其开立基本存款账户规定的证明文件、基本存款账户开户许可证(或企业基本存款账户编号)和下列证明文件:

(1)存款人因向银行借款需要,应出具借款合同。

(2)借款人因其他结算需要,应出具有关证明。

3.一般存款账户的使用

一般存款账户用于办理存款人借款转存、借款归还和其他结算的资金收付。该账户可以办理现金缴存,但不得办理现金支取。

(三)专用存款账户

1.专用存款账户的概念

专用存款账户是指存款人按照法律、行政法规和规章,对其特定用途资金进行专项管理和使用而开立的银行结算账户。

2.开户证明文件

存款人申请开立专用存款账户,应向银行出具其开立基本存款账户规定的证明文件、基本存款账户开户许可证(或企业基本存款账户编号)和下列证明文件:

(1)基本建设资金、更新改造资金、政策性房地产开发资金、住房基金、社会保障基金,应出具主管部门批文。

(2)财政预算外资金,应出具财政部门的证明。

(3)粮、棉、油收购资金,应出具主管部门批文。

(4)单位银行卡备用金,应按照中国人民银行批准的银行卡章程的规定出具有关证明和资料。

(5)证券交易结算资金,应出具证券公司或证券管理部门的证明。

(6)期货交易保证金,应出具期货公司或期货管理部门的证明。

(7)金融机构存放同业资金,应出具其证明。

(8)收入汇缴资金和业务支出资金,应出具基本存款账户存款人有关的证明。

(9)党、团、工会设在单位的组织机构经费,应出具该单位或有关部门的批文或证明。

(10)其他按照规定需要专项管理和使用的资金,应出具有关法规、规章或政府部门的有关文件。

3.专用存款账户的使用

(1)单位银行卡账户的资金(备用金)必须由其基本存款账户转账存入。该账户不得办理现金收付业务。

(2)财政预算外资金、证券交易结算资金、期货交易保证金和信托基金专用存款账户不得支取现金。

(3)基本建设资金、更新改造资金、政策性房地产开发资金、金融机构存放同业资金账户需要支取现金的,应在开户时报中国人民银行当地分行批准。

(4)粮、棉、油收购资金,社会保障基金,住房基金和党、团、工会经费等专用存款账户支取现金应按照国家现金管理的规定办理。银行应按照国家对粮、棉、油收购资金使用管理的规定加强监督,不得办理不符合规定的资金收付和现金支取。

(5)收入汇缴资金和业务支出资金,是指基本存款账户存款人附属的非独立核算单位或派出机构发生的收入和支出的资金。

(四)临时存款账户

1.临时存款账户的概念

临时存款账户是指存款人因临时需要并在规定期限内使用而开立的银行结算账户。

2.开户证明文件

存款人申请开立临时存款账户,应向银行出具下列证明文件:

(1)临时机构,应出具其驻在地主管部门同意设立临时机构的批文。

(2)异地建筑施工及安装单位,应出具其营业执照正本或其隶属单位的营业执照正本,以及施工及安装地建设主管部门核发的许可证或建筑施工及安装合同。外国及我国港、澳、台地区建筑施工及安装单位,应出具行业主管部门核发的资质准入证明。

(3)异地从事临时经营活动的单位,应出具其营业执照正本以及临时经营地工商行政管理部门的批文。

(4)境内单位在异地从事临时活动的,应出具政府有关部门批准其从事该项活动的证明文件。

(5)境外(含港澳台地区)机构在境内从事经营活动的,应出具政府有关部门批准其从事该项活动的证明文件。

(6)军队、武警单位因执勤作战、演习、抢险救灾、应对突发事件等任务需要开立银行账户时,开户银行应当凭军队、武警团级(含)以上单位后勤(联勤)部门出具的批件或证明,先予开户并同时启用,后补办相关手续。

(7)注册验资资金,应出具工商行政管理部门核发的“企业名称预先核准通知书”或政府有关部门的批文。

(8)增资验资资金,应出具其基本存款账户开户许可证、股东会或董事会决议等证明文件。

3. 临时存款账户的使用

临时存款账户用于办理临时机构以及存款人临时经营活动发生的资金收付。临时存款账户应根据有关开户证明文件确定的期限和存款人的需要确定其有效期限,最长不得超过2年。临时存款账户支取现金,应按照国家现金管理的规定办理。注册验资的临时存款账户在验资期间只收不付。

三、小微企业银行账户开立

(一)开户原则

银行为小微企业(含个体工商户)提供简易开户服务应当遵循“风险为本”原则,履行反洗钱、反恐怖融资、反逃税义务,落实账户实名制,按照客户身份核实程度、账户风险等级合理设置账户功能,建立事前承诺、事中监测和事后管理机制,有效识别、评估监测和控制账户业务风险。开户环节发现有明显可疑特征的,不适用简易开户服务。

(二)简易开户服务程序

2021年,中国人民银行印发《关于做好小微企业银行账户优化服务和风险防控工作的指导意见》,其中规定:“银行应当公示简易开户服务流程,明确简易开户所需材料、客户身份核实程序以及制度依据等,确保小微企业法定代表人或负责人等了解简易开户程序及相关制度规定。”随后,很多银行开设了小微企业开户专柜(见图10-2)。

图10-2 小微企业开户专柜

银行提供简易开户服务，需向客户宣讲依法使用银行账户的法律法规和相关制度，在开户申请书或协议的醒目位置告知出租、出借、出售银行账户的法律责任和惩戒措施，由小微企业法定代表人、负责人或授权代理人对合法开立和使用银行账户进行承诺并在开户申请书或协议上签字（签章）确认。

银行提供简易开户服务，应当采取有助于核实客户身份的方法，依据客户提交的必需证明文件，以及愿意提供的其他辅助证明材料，了解客户经营情况、开户用途、资金支付需求。客户暂时无法提供相关辅助证明材料的，不得强制要求客户提供。

银行应当依据所收集的客户信息，以及客户身份核实程度，结合客户经营情况、开户用途等与客户约定账户功能，审慎开通非柜面支付、单位结算卡等业务并设定交易限额，确保账户功能与客户身份核实程度、账户风险等级相匹配。

银行应当对简易账户进行识别管理，建立跟踪服务机制，根据客户需求补充完成客户身份核实后，可视情况升级账户功能，确保银行账户服务满足客户正常经营的支付需求。

（三）服务规范负面清单指引

银行在为小微企业提供银行账户服务过程中，应当始终遵循“风险为本”原则，综合评估账户风险，采取与账户风险等级相适应的风险防控措施，做到该坚持的风险防控原则要坚持，该满足的正当合理账户服务需求要满足。鼓励银行参照有关规定制定本银行账户开立服务规范负面清单，并接受社会监督。

（1）不得要求小微企业提供与大中型企业相同的详细、完备的经营情况材料。

（2）不得仅以注册地址为集中登记地、以自有或租赁房屋作为经营地址等理由拒绝小微企业开户。

（3）不得仅以办公场所较为简单、没有企业门牌、雇佣人员较少等理由拒绝小微企业开户。

（4）不得将是否实际开展经营活动作为初创小微企业开立基本账户的条件。

（5）不得仅以小微企业法定代表人或负责人户籍所在地为异地等理由拒绝开户。

（6）不得要求小微企业存入大额存款、达到一定经营规模或绑定销售相关产品及服务等作为开户附加条件。

（7）不得出于成本收益等考虑拒绝小微企业开户。

（8）不得以账户开立成功后待激活、预留印鉴启用等方式影响账户即开即用。

四、个人银行结算账户

银行在现有个人银行结算账户（也称个人银行账户）基础上，增加银行账户种类，将个人银行账户分为Ⅰ类银行账户、Ⅱ类银行账户和Ⅲ类银行账户（以下分别简称分别Ⅰ类户、Ⅱ类户、Ⅲ类户），如表10-1所示。

表 10-1　个人银行结算账户的类别

账户类型	功能	额度
Ⅰ类银行账户	即传统意义上在柜面开设的账户，属于全功能的银行结算账户，安全等级最高，可存取现金、理财、转账、缴费、支付等	不限
Ⅱ类银行账户	具备“理财＋支付”功能，可以购买理财产品和消费支付	单日支付最高不超过 10000 元，购买理财的除外
Ⅲ类银行账户	只能进行小额消费和缴费支付	最高不超过 1000 元

Ⅰ类银行账户可为存款人提供存款、购买投资理财产品等金融产品、转账、消费和缴费支付、支取现金等服务。

Ⅱ类银行账户可为存款人提供存款、购买投资理财产品等金融产品、限定金额的消费和缴费支付等服务。

Ⅲ类银行账户可为存款人提供限定金额的消费和缴费支付服务。

(一)柜面开户

通过柜面受理银行账户开户申请的，银行可为开户申请人开立Ⅰ类户、Ⅱ类户或Ⅲ类户。个人开立Ⅱ、Ⅲ类户，可以绑定Ⅰ类户或者信用卡账户进行身份验证，不得绑定非银行支付机构开立的支付账户进行身份验证。在银行柜面开立的，则无须绑定Ⅰ类户或者信用卡账户进行身份验证。

(二)自助机具开户

通过远程视频柜员机和智能柜员机等自助机具受理银行账户开户申请，银行工作人员现场核验开户申请人身份信息的，银行可为其开立Ⅰ类户；银行工作人员未现场核验开户申请人身份信息的，银行可为其开立Ⅱ类户或Ⅲ类户。

(三)电子渠道开户

通过网上银行和手机银行等电子渠道受理银行账户开户申请的，银行可为开户申请人开立Ⅱ类户或Ⅲ类户。

通过电子渠道开立Ⅱ类户的，银行应通过绑定开户申请人的同名Ⅰ类户(以下简称绑定账户，信用卡除外)，作为核验开户申请人身份信息的手段之一，确认绑定账户的所有人是开户申请人本人，绑定账户的开户银行名称和账号与开户申请人提供的信息一致。Ⅱ类户与绑定账户的资金划转限额由银行与存款人协商确定；银行应根据自身风险管理水平和存款人风险等级，与存款人约定办理消费和缴费支付的单日累计支付限额，但最高额度不超过 10000 元。银行不得通过绑定Ⅱ类户、Ⅲ类户或支付机构的支付账户进行开户申请人身份信息核验。

通过电子渠道开立Ⅲ类户的，银行应通过开户申请人从同名Ⅰ类户向Ⅲ类户转入任意金额的方式激活账户，并确认开户申请人是同名Ⅰ类户的所有人。Ⅲ类户账户余额不得超过 1000 元，账户剩余资金应原路返回同名Ⅰ类户。已开立Ⅰ类户再申请在同一银行开立Ⅲ类户的，银行可在Ⅰ类户实体介质上加载Ⅲ类账户功能。

(四)账户功能升级

对于Ⅱ类户，银行可按规定对存款人身份信息进行进一步核验后，将其转为Ⅰ类户。对于Ⅲ类户，银行可按规定对存款人身份信息进行进一步核验后，将其转为Ⅰ类户或Ⅱ类户。

对于已在本银行开户的存款人再次提出开立同一种类银行账户申请的，银行在有效核验存款人身份信息的前提下，可自主确定简易开户流程。

五、个人银行结算账户的开立

银行为开户申请人开立个人银行结算账户时，应核验其身份信息，对开户申请人提供身份证件的有效性、开户申请人与身份证件的一致性和开户申请人开户意愿进行核实，不得为身份不明的开户申请人开立银行账户并提供服务，不得开立匿名或假名银行账户。

(一)审核身份证件

银行为开户申请人开立个人银行账户时，应要求其提供本人有效身份证件，并对身份证件的真实性、有效性和合规性进行认真审查。银行通过有效身份证件仍无法准确判断开户申请人身份的，应要求其出具辅助身份证明材料。

1. 有效身份证件

有效身份证件包括：①在中华人民共和国境内已登记常住户口的中国公民为居民身份证，不满 16 周岁的，可以使用居民身份证或户口簿；②香港、澳门特别行政区居民为港澳居民来往内地通行证；③台湾地区居民为台湾居民来往大陆通行证；④定居国外的中国公民为中国护照；⑤外国公民为护照或者外国人永久居留证(外国边民，按照边贸结算的有关规定办理)；⑥法律、行政法规规定的其他身份证明文件。

2. 辅助身份证明材料

辅助身份证明材料包括但不限于：①中国公民为户口簿、护照、机动车驾驶证、居住证、社会保障卡、军人和武装警察身份证件、公安机关出具的户籍证明、工作证；②香港、澳门特别行政区居民为香港、澳门特别行政区居民身份证；③台湾地区居民为在台湾居住的有效身份证明；④定居国外的中国公民为定居国外的证明文件；⑤外国公民为外国居民身份证、使领馆人员身份证件或者机动车驾驶证等其他带有照片的身份证件；⑥完税证明、水电煤缴费单等税费凭证。

军人、武装警察尚未领取居民身份证的，除出具军人和武装警察身份证件外，还应出具军人保障卡或所在单位开具的尚未领取居民身份证的证明材料。

(二)核验身份信息

银行可利用政府部门数据库、本银行数据库、商业化数据库、其他银行账户信息等，采取多种手段对开户申请人身份信息进行多重交叉验证，全方位构建安全可靠的身份信息核验机制。

提供个人银行账户开立服务时，有条件的银行可探索将生物特征识别技术和其他安全有效的技术手段作为核验开户申请人身份信息的辅助手段。

(三)留存身份信息

成功开立个人银行账户的，银行应登记存款人的基本信息、与存款人身份信息核验有关的身份证明文件信息、完整的身份信息核验记录，留存存款人身份证件、辅助身份证明文件的复印件或者影印件、以电子方式存储的身份信息，有条件的可留存开户过程的音频或视频等。

银行在确保分支机构能够及时获得相关存款人身份信息的前提下，可以将分支机构登记的存款人身份信息集中管理。

(四)建立健全个人银行账户数据库

银行应建立健全以存款人为中心的个人银行账户管理系统，按照公民身份号码、护照号等实现对个人银行账户的统一查询和管理。对于存款人为非中国居民的，银行应按照存款人国籍(地区)进行标识并实现对非中国居民银行账户的分类查询和管理。

六、个人银行结算账户的管理

个人银行结算账户用于办理个人转账收付和现金存取。下列款项可以转入个人银行结算账户：①工资、奖金收入；②稿费、演出费等劳务收入；③债券、期货、信托等投资的本金和收益；④个人债权或产权转让收益；⑤个人贷款转存；⑥证券交易结算资金和期货交易保证金；⑦继承、赠与款项；⑧保险理赔、保费退还等款项；⑨纳税退还；⑩农、副、矿产品销售收入；⑪其他合法款项。

另外，单位从其银行结算账户支付给个人银行结算账户的款项，每笔超过 5 万元的，应向其开户银行提供下列付款依据：①代发工资协议和收款人清单；②奖励证明；③新闻出版、演出主办等单位与收款人签订的劳务合同或支付给个人款项的证明；④证券公司、期货公司、信托投资公司、奖券发行或承销部门支付或退还给自然人款项的证明；⑤债权或产权转让协议；⑥借款合同；⑦保险公司的证明；⑧税收征管部门的证明；⑨农、副、矿产品购销合同；⑩其他合法款项的证明。

从单位银行结算账户支付给个人银行结算账户的款项应纳税的，税收代扣单位付款时应向其开户银行提供完税证明。

有下列情形之一的，个人应出具有关收款依据：①个人持出票人为单位的支票向开户银行委托收款，将款项转入其个人银行结算账户的；②个人持申请人为单位的银行汇票和银行本票向开户银行提示付款，将款项转入其个人银行结算账户的。

单位银行结算账户支付给个人银行结算账户款项的，银行应按相关规定认真审查付款依据或收款依据的原件，并留存复印件，按会计档案保管。未提供相关依据或相关依据不符合规定的，银行应拒绝办理。储蓄账户仅限于办理现金存取业务，不得办理转账结算。

银行应按规定与存款人核对账务。银行结算账户的存款人收到对账单或对账信息后，应及时核对账务并在规定期限内向银行发出对账回单或确认信息。

存款人应按照相关规定使用银行结算账户办理结算业务。存款人不得出租、出借银行结算账户，不得利用银行结算账户套取银行信用。

七、大额交易和可疑交易报告

（一）大额交易报告

根据 2017 年 7 月 1 日起施行的《金融机构大额交易和可疑交易报告管理办法》，以下几种交易行为必须按照大额交易管理办法的相关规定进行报告：

（1）当日单笔或者累计交易人民币 5 万元及以上、外币等值 1 万美元及以上的现金缴存、现金支取、现金结售汇、现钞兑换、现金汇款、现金票据解付及其他形式的现金收支。

（2）非自然人客户银行账户与其他的银行账户发生当日单笔或者累计交易人民币 200 万元及以上、外币等值 20 万美元及以上的款项划转。

（3）自然人客户银行账户与其他的银行账户发生当日单笔或者累计交易人民币 50 万元及以上、外币等值 10 万美元及以上的境内款项划转。

（4）自然人客户银行账户与其他的银行账户发生当日单笔或者累计交易人民币 20 万元及以上、外币等值 1 万美元及以上的跨境款项划转。

（二）可疑交易报告

金融机构发现或者有合理理由怀疑客户、客户的资金或者其他资产、客户的交易或者试图进行的交易与洗钱、恐怖融资等犯罪活动相关的，不论所涉资金金额或者资产价值大小，应当提交可疑交易报告。

金融机构应当制定本机构的交易监测标准，并对其有效性负责。交易监测标准包括并不限于客户的身份、行为，交易的资金来源、金额、频率、流向、性质等存在异常的情形。

金融机构应当定期对交易监测标准进行评估，并根据评估结果完善交易监测标准。对于通过交易监测标准筛选出的交易，金融机构应当进行人工分析、识别，并记录分析过程；不作为可疑交易报告的，应当记录分析排除的合理理由；确认为可疑交易的，应当在可疑交易报告理由中完整记录对客户身份特征、交易特征或行为特征的分析过程，并及时以电子方式提交可疑交易报告（最迟不超过 5 个工作日）。

对于既属于大额交易又属于可疑交易的交易，金融机构应当分别提交大额交易报告和可疑交易报告。

可疑交易符合下列情形之一的，金融机构应当在向中国反洗钱监测分析中心提交可疑交易报告的同时，以电子形式或书面形式向所在地中国人民银行或者其分支机构报告，并配合反洗钱调查：

(1)明显涉嫌洗钱、恐怖融资等犯罪活动的。

(2)严重危害国家安全或者影响社会稳定的。

(3)其他情节严重或者情况紧急的情形。

【工作场景】

1.个人结算账户大额结算

某大型旅游集团公司员工黄某在某市商业银行开设的个人结算账户，在 2015 年 5 月 1 日至 2017 年 5 月 1 日期间共发生交易 1904 笔，金额累计高达 12.28 亿元。这些交易主要是通过网银渠道完成的。

2017 年 6 月，该市商业银行依照《金融机构大额交易和可疑交易报告管理办法》向该市反洗钱中心提交了一份有关黄某的重点可疑交易报告。中国人民银行当地分支机构立即通过情报交换平台向该市税务局传递了这份报告。经查，黄某 2015 年从其控股的公司取得股息、红利共计 2 亿元，未缴纳个人所得税 4000 万元。

- **工作建议**

____

____

____

____

____

____

2.公司老板用个人银行账户收款有风险吗?

湖北省武汉市经开区××精修(武汉)旅游服务有限公司，李某某担任该公司法定代表人，负责该公司的经营管理。2013 年至 2014 年期间，李某某安排公司财务人员通过个人账户收取营业款项，再以其他凭证替代发票的方式，逃避缴纳税款共计人民币 1883018 元，占该公司同期应缴纳税额的 97.17%，在税务机关依法下达追缴税款通知后，未按时补缴税款。

• 工作建议

3. 出借个人银行账号给他人使用有风险吗?

2020 年 10 月 28 日,甲公司与乙公司签订借款合同一份。合同约定:乙公司向甲公司借款金额 300 万元,乙公司委托甲公司将借款支付到其指定的个人账户(张三的个人银行账户)。

后查明,张三既非本案的借款人也非本案借款的实际使用人,仅仅是将其个人账户出借给乙公司使用。现乙公司到期未还款,甲公司起诉,要求张三一并承担连带清偿责任。

• 工作建议

4. 提供个人银行账户给电信诈骗分子转移资金

2021 年 7 月,吴先生在某聊天软件上添加了一位女子为好友,对方自称从事金融行业,并称只要按她的要求在银行开户,便可以赚取高额利息。吴先生信以为真,通过银行卡转账的方式分几次向对方转账 49 万余元。钱到账后,对方便将吴先生拉黑。吴先生意识到受骗,于是报警。

民警发现,吴先生被骗走的钱款分别被转入两个国内银行账户,并查明涉案账户在湖南长沙某银行柜台和 ATM 机都有取现记录,其每日流水均在几万元上下,最多达 20 万元。按照银行相关规定,大额取现需本人到场,或请委托人持本人证件及委托材料才能办理。据此民警判断,这两个账户的开户人王某、柳某存在重大作案嫌疑。

• 工作建议

【工作任务】

1. 请在3家不同的银行开立个人银行结算账户Ⅰ类户。
2. 调查不同类型的银行卡在功能方面的不同之处。
3. 通过手机银行APP查找本人任意银行结算账户的开户银行(分行或支行)信息。

班级		姓名		学号	

工作情境 11　借记卡

【工作目标】

1. 知识与技能目标：掌握借记卡的功能，熟练掌握利用借记卡进行转账和支取的操作。

2. 情感与态度目标：树立借记卡的卡片保管、个人信息保护、密码保护等工作态度，培养“君子爱财、取之有道”的情感态度。

【工作背景】

数据显示，截至 2020 年末，全国银行卡在用发卡数量为 89.54 亿张。其中，借记卡在用发卡数量为 81.77 亿张；信用卡和借贷合一卡在用发卡数量共计 7.78 亿张。全国人均持有银行卡 6.4 张。值得关注的是，银行卡卡均消费金额为 1.30 万元，同比下降 6.38%；银行卡笔均消费金额为 656.85 元，同比下降 10.97%。根据《中国金融科技与数字普惠金融发展报告》，中国金融科技产业发展依然位居世界前列，2019 年金融科技营收规模约为 1.4 万亿元，金融科技融资额占全球比重为 52.7%。北京、上海、深圳、杭州等城市金融科技发展位居国内前列，发挥着引领示范作用。

借记卡具有易用性和广泛的普及性，是电子贸易中最普遍使用的支付工具之一。全球超过 2000 万家销售网点接受一些国际品牌的签名式借记卡。“易用”是借记卡越来越受欢迎的原因之一。借记卡不但省去携带现金的麻烦，使用起来也很方便，而且月结单可以清晰地显示所有交易记录。

【工作用具】

银行卡若干张、POS 机等。

【工作内容】

一、借记卡的概念

借记卡(debit card)是指发卡银行向持卡人签发的,没有信用额度,持卡人先存款、后使用的银行卡。

借记卡按功能不同分为转账卡、专用卡和储值卡。借记卡不能透支。转账卡具有转账、存取现金和消费功能。专用卡是在特定区域、专用用途(百货、餐饮、娱乐行业以外的用途)使用的借记卡,具有转账、存取现金的功能。储值卡是银行根据持卡人要求将资金转至卡内储存,交易时直接从卡内扣款的预付钱包式借记卡。

借记卡日渐普遍,能够很方便地取代现金和支票进行消费和交易,近年来逐渐成为最受欢迎的支付卡。

如果借记卡只适用于本地商户,通常会印有发卡机构的标志及其适用的处理系统。国际通行的借记卡外表与信用卡一样,并于右下角印有国际支付卡机构的标志,它通行于所有接受信用卡的销售点(见图 11-1)。其区别是:当使用借记卡时,金额会自动从银行账户中扣除,而不是算入信用额度内。

图 11-1 借记卡的常见样式

二、借记卡的功能

(1) 存取现金。借记卡大多具备本币、外币、定期、活期等储蓄功能,借记卡可在发卡银行网点、自助银行存取款,也可在全国乃至全球的 ATM 机(自动柜员机)上取款。

(2) 转账汇款。持卡人可通过银行网点、网上银行、自助银行等渠道将款项转账或汇款给其他账户。

(3) 刷卡消费。持卡人可在商户用借记卡刷卡消费。

(4) 代收代付。借记卡可用于代发工资,也可用于缴纳各种费用(如通信费、水费、电费、燃气费等)。

(5) 资产管理。理财产品、开放式基金、保险、个人外汇买卖、贵金属交易等均可通过借记卡进行签约、交易和结算。

(6) 其他服务。许多银行借记卡的服务已延伸到金融服务之外,如为持卡人提供机场贵宾通道、医疗健康服务等。

三、借记卡的特点

(一)易用性与普及性

由于具有易用性和广泛的普及性,借记卡是电子交易活动中最普遍使用的支付工具之一。

(二)安全可靠

借记卡具有和信用卡一样的安全保障功能。用户假如遗失借记卡或怀疑卡被盗,应立即向所在开户银行挂失,即可防止他人盗用以降低损失。

四、借记卡的办理流程

(一)柜台办理借记卡流程

(1)选择办卡银行。每个银行的借记卡功能有所不同,因此用户在办卡的时候,要了解各个银行的办卡流程、办卡细节以及借记卡的主要内容。

(2)准备有效身份证件。用户去银行办理借记卡时,银行会审核身份信息,只有身份信息属实,银行才能允许用户办理借记卡。

(3)填写办卡申请表。用户可到银行柜台,如实填写办卡申请表。银行会审核办卡申请表上的内容,只有信息真实可靠,银行柜员才确定是否要办理网银功能。

(二)银行机器办理借记卡流程

(1) 用户先在自助机具的电脑触摸屏上点击“申请”。

(2) 然后根据系统提示插入第二代身份证,系统扫描后退回身份证件。

(3) 屏幕显示借记卡合约,点击“我同意”进入职业选择。

(4) 再填写手机号码,接着是手写签名,拍照,屏幕显示“审核申请已提交,请耐心等待”等字样。等待审核通过后,设置查询密码和交易密码,然后用登记的手机号获取短信验证码,即完成办卡。

五、借记卡的使用方法

(一)密码式借记卡

在购物时,需输入个人支付密码。密码式借记卡只适用于安装了在线 POS 机的商户,此终端设备提供输入个人密码的装置。

(二)签名式借记卡

像使用信用卡一样,购物时需在收据上签名。签名式借记卡可用于安装了在线或非在线 POS 机的商户。

有些借记卡只适用于密码式操作,有些则是密码式和签名式两用。签名式借记卡更具弹性,即使在没有安装密码 POS 机的商户也可使用。

六、借记卡的安全

(一)卡片保管

一旦借记卡丢失或被盗,就存在被冒用或伪造的风险。因此,应像保管现金一样保管借记卡,不可随手放置,更不能随意转借他人。同时,应注意将身份证件和借记卡分开保管。

(二)密码保护

有些借记卡要求持卡人设置交易、取款、查询、登录等多个密码,应注意:交易和取款密码尽量不要与其他密码相同。密码设置应易记且难以破译,例如,不要将自己的生日或几个连续(或相同)的数字设为密码。不要将密码轻易告诉他人。刷卡和取款输入密码时,要注意用手和身体进行适当遮挡。

(三)信息保护

注意保护借记卡卡号、身份证件号码等,不要随意丢弃填写了个人信息的书面材料或刷卡单据。若个人信息发生变更,应及时通知开户银行,以便和银行保持联系。

(四)及时挂失

如发现卡片丢失或被盗,应立刻拨打开户银行客户服务电话或到就近的银行网点进行挂失。如需密码挂失,可通过银行网点、电话银行等渠道办理;如需修改密码,可通过银行网点、ATM 机等渠道办理；如需重新设置密码，请到银行网点办理。

七、银行卡受理终端管理

(一)生产与登记管理

一台银行卡受理终端只能对应一个受理终端序列号。清算机构、收单机构应当按照《中国人民银行关于强化银行卡受理终端安全管理的通知》(银发〔2017〕21 号)的规定，对银行卡受理终端采取密码识别技术等有效手段，确保银行卡受理终端序列号不被篡改。

清算机构应当建立健全银行卡受理终端注册管理平台，要求银行卡受理终端合作生产厂商向管理平台报送银行卡受理终端序列号及序列号密钥、对应的银行和支付机构等收单机构名称。

清算机构应当建立合作生产厂商评估管理机制。对于未按要求生产银行卡受理终端、报送银行卡受理终端序列号登记信息，或存在参与违法违规活动等情形的合作生产厂商，清算机构应当采取要求其限期整改、降低评估等级直至停止合作等措施。

清算机构可以自行或委托其他机构建立管理平台、评估管理合作生产厂商。

(二)入网管理

一台银行卡受理终端只能对应一个特约商户。收单机构应当建立银行卡受理终端序列号与以下五要素信息的关联对应关系，在办理银行卡受理终端入网时将相关信息报送至清算机构，并确保该关联对应关系在支付全流程中的一致性和不可篡改性：

(1)收单机构代码。

(2)特约商户(含小微商户，即依据法律法规和相关监管规定免于办理工商注册登记的实体特约商户)编码。

(3)特约商户统一社会信用代码(小微商户为其主要负责人有效身份证件号码)。

(4)特约商户收单结算账户。

(5)银行卡受理终端布放地理位置。

清算机构应当及时核验收单机构报送的银行卡受理终端入网信息和合作生产厂商报送的银行卡受理终端登记信息，核验不一致的不得入网。

原则上，银行卡受理终端应当具备定位功能。对于不具备定位功能的银行卡受理终端，收单机构应当确保其被用于特约商户固定经营场所和合法合规用途。

(三)退出管理

因收单机构与特约商户收单服务协议终止，或特约商户申请停用银行卡受理终端的，收单机构应当及时关闭银行卡受理终端业务功能，并收回银行卡受理终端。对确实无法收回的，应当确保银行卡受理终端业务功能持续处于关闭状态。

收单机构应当在关闭银行卡受理终端业务功能后 2 日内，将银行卡受理终端注销信息报送至清算机构。清算机构应当自收到银行卡受理终端注销信息之日起，停止为该银行卡受理终端发起的业务提供转接清算服务，直至该银行卡受理终端按规定重新入网。

（四）改造或更换管理

对于不符合规定的银行卡受理终端，收单结构应按清算机构的相关规则进行改造或更换。

清算机构应当按照审慎原则制定本机构入网银行卡受理终端改造或更换规则，要求收单机构限期完成对相关银行卡受理终端的改造或更换；逾期未完成的，应当暂停为相关银行卡受理终端发起的业务提供转接清算服务。

八、银行卡当事人之间的职责

（一）发卡银行的权利

（1）发卡银行有权审查申请人的资信状况、索取申请人的个人资料，并有权决定是否向申请人发卡及确定信用卡持卡人的透支额度。

（2）发卡银行对持卡人透支有追偿权。对持卡人不在规定期限内归还透支款项的，发卡银行有权申请法律保护并依法追究持卡人或有关当事人的法律责任。

（3）发卡银行对不遵守其章程规定的持卡人，有权取消其持卡人资格，并可授权有关单位收回其银行卡。

（4）发卡银行对储值卡和 IC 卡内的电子钱包可不予挂失。

（二）发卡银行的义务

（1）发卡银行应当向银行卡申请人提供有关银行卡的使用说明资料，包括章程、使用说明及收费标准等。现有持卡人亦可索取上述资料。

（2）发卡银行应当设立针对银行卡服务的公平、有效的投诉制度，并公开投诉程序和投诉电话。发卡银行对持卡人关于账务情况的查询和改正要求应当在 30 天内给予答复。

（3）发卡银行应当向持卡人提供对账服务。按月向持卡人提供账户结单，在下列情况下发卡银行可不向持卡人提供账户结单：①已向持卡人提供存折或其他交易记录；②自上一份月结单后，没有进行任何交易，账户没有任何未偿还余额；③已与持卡人另行商定。

（4）发卡银行向持卡人提供的银行卡对账单应当列出以下内容：①交易金额、账户余额（贷记卡还应列出到期还款日、最低还款额、可用信用额度）；②交易金额记入有关账户或自有关账户扣除的日期；③交易日期与类别；④交易记录号码；⑤作为支付对象的商户名称或代号(异地交易除外);⑥查询或报告不符账务的地址或电话号码。

(5)发卡银行应当向持卡人提供银行卡挂失服务,应当设立 24 小时挂失服务电话,提供电话和书面两种挂失方式,书面挂失为正式挂失方式。并在章程或有关协议中明确发卡银行与持卡人之间的挂失责任。

(6)发卡银行应当在有关卡的章程或使用说明中向持卡人说明密码的重要性及丢失的责任。

(7)发卡银行对持卡人的资信资料负有保密的责任。

(三)持卡人的权利

(1)持卡人享有发卡银行对其银行卡所承诺的各项服务的权利,有权监督服务质量并对不符服务质量进行投诉。

(2)申请人、持卡人有权知悉其选用的银行卡的功能、使用方法、收费项目、收费标准、适用利率及有关的计算公式。

(3)持卡人有权在规定时间内向发卡银行索取对账单,并有权要求对不符账务内容进行查询或改正。

(4)借记卡的挂失手续办妥后,持卡人不再承担相应卡账户资金变动的责任,司法机关、仲裁机关另有判决的除外。

(5)持卡人有权索取信用卡领用合约,并应妥善保管。

(四)持卡人的义务

(1)申请人应当向发卡银行提供真实的申请资料并按照发卡银行规定向其提供符合条件的担保。

(2)持卡人应当遵守发卡银行的章程及《领用合约》的有关条款。

(3)持卡人或保证人通讯地址、职业等发生变化,应当及时书面通知发卡银行。

(4)持卡人不得以和商户发生纠纷为由拒绝支付所欠银行款项。

【工作场景】

1. ATM 取现案

2006 年 4 月 21 日晚 10 点左右,许某和郭某来到位于广州市某商业银行的 ATM 机上取款。

郭某等在路边,许某走进银行在 ATM 机上输入密码后,查询了余额,ATM 机显示卡中余额为 176.97 元,这意味着许某只有 100 元可取。看到自己银行卡上只有这点钱,许某有点郁闷。许某输入取款金额时觉得那个按键“0”不太灵敏,于是他按了两下,屏幕上只显示出“10”,他于是按了底下的那个“00”键,结果“100”变成“1000”。没留意的许某接着又按了取款键,结果 ATM 机竟然出钞 1000 元,而他的银行卡存款账户里却显示只被扣除了1元。

拿到钱后许某又接连点了好几遍，又几次查询自己银行卡中的余款，他惊呆了。好一会后，许某才意识到银行的ATM机出故障了。许某赶忙重新操作，结果ATM机再次出钞1000元，而卡里又只被扣除了1元。许某内心一阵狂喜，他立即再次操作。他此时只顾想着利用银行ATM机犯错的这个时机，多取出些钱。许某不断地在ATM机上操作，连续利用ATM机的错误，用自己的借记卡取钱。

当晚，许某回到住处，将此事告诉了同伴郭某。两人随即再次前往该ATM机提款，之后反复操作多次。后经警方查实，许某先后取款171笔，合计17.5万元；郭某则取款1.8万元。事后，二人各携赃款潜逃。

同年11月7日，郭某向公安机关投案自首，并全额退还赃款1.8万元。经广州市天河区法院审理后，法院认定其构成盗窃罪，但考虑到郭某自首并主动退赃，故对其判处有期徒刑一年，并处罚金1000元。而潜逃一年的许某，17.5万元赃款因投资失败而挥霍一空，在陕西宝鸡火车站被警方抓获。广州市中级人民法院审理后认为，被告许某以非法侵占为目的，伙同同案人采用秘密手段，盗窃金融机构，数额特别巨大，其行为已构成盗窃罪，遂判处无期徒刑，剥夺政治权利终身，并处没收个人全部财产。

许某随后提出上诉，经广州市中级人民法院重审后，2008年3月31日公开宣判。法院认定被告人许某犯盗窃罪，判处有期徒刑5年，并处罚金2万元；继续追缴许某未退还的犯罪所得人民币173826元。

许某再度上诉，2008年5月，广东省高院二审驳回上诉，维持原判。

- **工作建议**

____

____

____

____

____

____

2.疑似出租、出借银行卡开通电子银行业务

2019年11月，甲、乙、丙三人结伴到中国工商银行某支行办理业务。一行人向网点大堂经理表示各自均已年满18周岁，要求为自己的银行卡开通电子银行。大堂经理通过询问后发觉，三名客户对相关业务不甚了解，但其开通电子银行业务的意愿坚决且要求一定要申请U盾。三人口径过于一致引起了大堂经理的注意，于是大堂经理再次询问客户开通电子银行和U盾有何用途，并向其确认在银行预留的手机号，三人均无法给出准确回答。大堂经理根据以上情况怀疑客户有出租、出借银行账户给他人使用的嫌疑，明确告知客户出租、出借银行卡的危害及利害关系，拒绝办理该笔业务。

• **工作建议**

3. 为他人实施犯罪提供银行卡

湖北某地的当事人张某某，文化程度不高，法律意识淡薄，听信其小学同学建议，按照其同学要求，办理了多张银行卡。随后，受到“高额工作报酬”的诱惑，张某某加入到其小学同学在外地的“工作室”中，从事银行卡转账工作。该“工作室”将资金转入张某某部分银行卡，然后张某某再根据网络平台指令，将资金转出到指定的收款人账户。3 个月后，该“工作室”案发，张某某及其所在的工作室团伙被公安机关抓获。最终，公安机关指控其涉嫌帮助信息网络活动罪。

• **工作建议**

4. 赚取所谓的办卡“兼职佣金”

赵某发现网上有替别人办卡再出租的兼职工作，一天可以赚取 500 元左右。尝到甜头后，赵某将此作为“生财之道”。从 2019 年 8 月开始，赵某纠集冀某在明知他人利用信息网络实施犯罪的情况下，招募伟某等人办理大量银行卡，在办卡后组织办卡人至边境，将所办银行卡销售给犯罪团伙使用，并在此期间通过刷脸方式完成注册、转账等手续，帮助犯罪分子完成诈骗活动转账流程，为电信诈骗犯罪团伙提供了支付结算方面的帮助，赚取所谓的“兼职佣金”。

• **工作建议**

5.被银行列为高风险账户怎么办?

一旦成为银行的高风险账户,客户再想办理某些业务就比较困难了。某客户的银行账户被银行列为了高风险账户,不知道如何是好。那么,请问你知道被银行列为高风险账户后该怎么办吗?

如果是储蓄卡被列为高风险账户,则可能是持卡人被银行监控到有洗钱的痕迹;或者是储蓄卡存在被盗刷的风险。遇到这种情况,持卡人需要带上银行卡和有效身份证件到银行柜台进行解除。

- **工作建议**

6.银行卡遭遇境外盗刷怎么办?

储户张先生是××银行成都金融城支行的客户。2020 年 8 月 4 日下午,张先生突然收到了几条银行卡交易信息,信息显示其××银行储蓄卡里的 9576.64 元存款被取走了,地点在莫斯科的一台 ATM 机上。

银行卡内存款被盗窃后,张先生多次找到开户银行××银行成都金融城支行,要求一起报案处理,并希望银行方面能承担相应的安全保管责任。但双方未能达成共识,于是张先生向高新区法院起诉了××银行成都金融城支行。法院判决由被告支付原告所有被盗资金 9576.64 元。

- **工作建议**

【工作误区】

骗术一：在ATM机上做手脚，并在机器旁边贴一张纸，提示："如有问题，请拨打×××电话"。该电话貌似是银行的客服电话，实际上极有可能是骗子提供的电话。你一旦拨打，就会被要求提供银行卡卡号和密码等机密资料，然后不法分子会利用这些资料进行转账等操作，窃取你银行卡内的资金。

骗术二：利用透明胶等将ATM机出钞口封闭，当ATM机提示"请取走现金"却等不到钱出来时，你极有可能会焦急地到银行营业厅里去寻求帮助。而就在你转身的时候，你的钱也许就没了。因为钱没有被取走的话，在一定的时间内是不会被ATM机吞掉的，不法分子利用的就是这个时间差。

骗术三：在你取出钱还没有退卡的时候，两个不法分子中的一个用掉东西等手法分散你的注意力，另一个则插入另一张相同模样的银行卡。由于ATM机内有你的银行卡，那么不法分子塞的卡必然无法完全插进去，该卡一半在里面，一半在外面。等你回来看到一张银行卡露在外面，很自然地会以为是自己的卡退了出来，拿了卡就走，没想到拿的是不法分子的假卡，自己的卡其实还在ATM机里。这时候，不法分子可以修改卡片密码，然后到别的ATM机上取钱，或者干脆在这台ATM机上继续取钱。

骗术四：在ATM机的隐秘处设置摄像头，偷窥到你的密码，再伺机窃取你的银行卡。

针对以上骗术，可采用以下防范手段：

防范手段一：千万别轻易告诉任何人你的银行卡密码。使用银行卡一要有卡或卡号，二要有密码，因此密码是一个关键因素。事实上，密码是唯一的，连开户银行也不知道你设置的密码。如果你忘了密码，银行只能让你重置密码，而无法告诉你密码。

防范手段二：碰到问题应拨打银行官方客服电话，不要拨打陌生电话。不要轻易相信ATM机或陌生短信上提供的银行咨询电话，而应该拨打银行的客服电话。银行客服电话一般是95×××，也有银行为客户提供免费的800电话。

防范手段三：在ATM机取钱时，视线不要离开ATM机。你输入了密码而又没有将银行卡取出的那段时间是最危险的。因为一旦卡被人调包，在ATM机里的那张卡不需要密码也能被人操作。

防范手段四：若在ATM机提款时出现问题，切记站在原地不要动。首先检查一下ATM机有没有被人动过手脚，如果没有，应立刻拨打该银行的官方客服电话，然后在原地等待银行工作人员来帮你解决问题。

防范手段五：输入密码时要谨慎，先观察身旁有没有人，若身旁的人离你太近，要示意他保持距离，同时在输入密码时最好用手部等进行遮挡，以免被他人猜到或被设备拍到你的密码。

【工作任务】

1. 列举常见的借记卡使用风险。
2. 选择3家不同的银行，熟悉开通个人借记卡的流程。

班级		姓名		学号	

工作情境 12　信用卡

【工作目标】

1. 知识与技能目标：熟练掌握信用卡的计息和收费规则，掌握灵活使用信用卡消费的刷卡技巧。

2. 情感与态度目标：谨防信用卡诈骗和透支风险，避免超前消费，培养理性消费的价值观和情感态度，关注个人信用的建设和保护。

【工作背景】

信用卡(credit card)，最初由美国银行于 20 世纪 20 年代初在加利福尼亚州发行，50 年代后期流行全州，60 年代中期流行全美国，70 年代在世界范围内广为盛行。目前，国际上广泛流行的信用卡主要包括美国运通卡、万事达信用卡和大来信用卡等。

【工作用具】

不同银行发行的信用卡若干张、POS 机 1 台。

【工作内容】

一、信用卡的概念与特征

(一)信用卡的概念

信用卡又称贷记卡，是由商业银行或信用卡公司对信用合格的消费者发行的信用证明。其实体卡片是一张正面印有发卡银行名称、有效期、号码、持卡人姓名等内容，背面有磁条、签名条等的卡片。持有信用卡的消费者可以到特约商业服务部门购物或消费，再由银行同商户和持卡人进行结算，持卡人可以在规定额度内透支。

（二）信用卡的特征

信用卡是一种非现金交易付款的方式，是简单的信贷服务。信用卡一般是长 85.60 毫米、宽 53.98 毫米、厚 1 毫米的塑料卡片（见图 12-1），由银行或信用卡公司依照用户的信用度与财力发给持卡人，持卡人持信用卡消费时无须支付现金，待结账日时再行还款。除部分与金融卡结合的信用卡外，一般的信用卡与借记卡、提款卡不同，信用卡不会由用户的账户直接扣除资金。

图 12-1　信用卡的常见样式

二、信用卡的分类

（1）根据发卡机构不同，信用卡可分为银行卡和非银行卡。

（2）根据发行对象不同，信用卡可分为公司卡和个人卡。

（3）根据持卡人的信誉、地位等不同，信用卡可分为普通卡和金卡。

（4）根据清偿方式不同，信用卡可分为贷记卡和准贷记卡。贷记卡是指发卡银行给予持卡人一定的信用额度，持卡人可在信用额度内先消费、后还款的信用卡。准贷记卡是指持卡人须先按发卡银行要求交存一定金额的备用金，当备用金账户余额不足支付时，可在发卡银行规定的信用额度内透支的信用卡。

（5）根据流通范围不同，信用卡可分为国际卡和地区卡。

三、信用卡的功能

（1）直接消费。这是信用卡最基本的功能。持卡人在标有信用卡标记的特约商户，包括商店、宾馆、机场、医院等各种场所，用信用卡代替现金消费结账。

（2）储蓄存款。银行将信用卡账户的保证金、备用金按规定利率计算，视同储蓄存款。

（3）转账结算。持卡人凭信用卡可在发卡银行网点柜台或者 ATM 机上从自己的账户中进行转账付款。

(4)ATM 机取现。持卡人可在发卡银行网点柜台或者 ATM 机上提取现金。

(5)透支。持卡人可在发卡银行允许的额度内透支取现、用款,同时计收透支利息。

(6)代收代付。持卡人可与发卡银行签约的特定单位,办理代发工资,代收电话费、水电费、网络费等服务。

(7)取现。取现是信用卡的辅助用途。持卡人在发卡银行网点柜台或 ATM 机上即可提取自己信用卡账户里的储蓄存款,也可以预借现金。事实上在国外,发卡机构是不鼓励持卡人使用信用卡来提取现金的,贷记卡尤为如此。

四、信用卡的使用

(一)POS 机刷卡

在 POS 机上刷卡是最常见的信用卡使用方式,是一种联网刷卡的方式。刷卡时,操作员应首先查看信用卡的有效期和持卡人姓氏等信息。然后,操作员根据发卡银行以及需要支付的货币种类选择相应的 POS 机(见图 12-2),将磁条式信用卡的磁条在 POS 机上划过,或者将芯片式信用卡插入卡槽,联通银行等支付网关,输入相应的金额。远程支付网关接收到信息后,POS 机会打出刷卡支付的收据(至少是两联),持卡人检查支付收据上的信息无误后应在此收据上签字。操作员核对收据上的签名和信用卡背后的签名后(包括姓名完全相符和笔迹基本相符),将信用卡及刷卡支付收据的一联给持卡人。至此,POS 机上的刷卡程序完成。

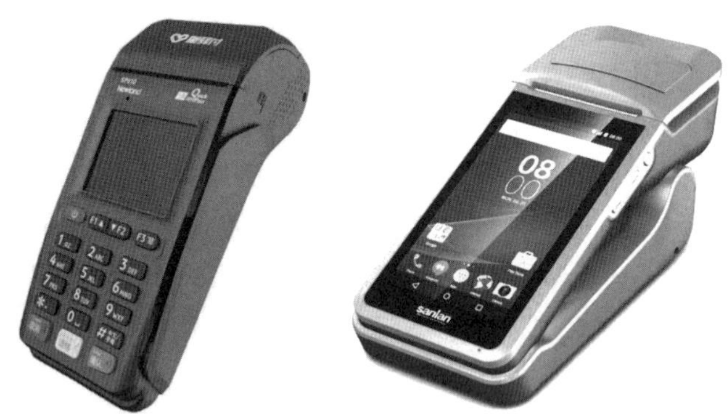

图 12-2 常见 POS 机样式

(二)RFID(射频识别)机拍卡

在 RFID 机上以拍卡感应的方式完成交易,是一种新型的信用卡使用方式,也是联网刷卡的一种方式。拍卡时,操作员应首先查看信用卡的有效期和持卡人姓氏等信息。然后,操作员根据发卡银行以及需要支付的货币种类选择相应的拍卡机,输入相应的金额,将信用卡平放于感应器上方不高于 10 厘米的地方。RFID 机感应到信用卡后会发出讯号声响,然后继续运作程序,远程支付网关接收到信息后,打印机(如已连接)会打出拍卡支付的收据。与其他方式不同的是，RFID机拍卡时，持卡人无须签字，更快捷。至此，RFID机上的拍卡感应程序完成。

(三)网络支付

从持卡人的角度来讲，网络支付被认为是信用卡的几种支付方式中风险最大的一种，存在不法分子利用网络钓鱼、窃取网络信息、假冒支付网关等手段窃取用户资料的风险。网络支付时，消费者需要输入信用卡卡号、信用卡有效期、信用卡安全码(卡背面签名栏旁的数字)、网上交易密码等，有时还需要输入持卡人姓名、网页随机生成的验证码等。输入完成后，点击提交即可完成网络支付。

五、信用卡的办理流程

(一)申请

多数情况下，具有完全民事行为能力的、有一定直接经济来源的公民，可以向发卡行申请办理信用卡。有时，法人也可以作为申请人。

申请信用卡的常见方式有：

(1)银行官网。申请人可以登录银行官方网站，然后在首页找到信用卡一栏，点击办卡图标，按提示填写个人信息后即可办卡。

(2)手机银行。申请人可以下载手机银行APP或者关注银行公众号，在相应的界面办理信用卡即可。

(3)银行网点。申请人可以携带本人有效身份证件及收入证明到银行营业网点，然后填写信用卡申请表，按提示提交申请资料即可。

(二)审查

发卡银行接到申请人递交的申请表及有关材料后，要对申请人的信誉情况进行审查。其内容主要包括申请表的内容是否属实，对申请单位还要对其资信程度进行评估，对申请个人则还要审查担保人的有关情况。

通常，发卡银行会根据申请资料，考察申请人的多方面资料与经济情况，以此来判断是否发放信用卡给申请人。考虑的因素有：申请人过去的信用记录、申请人已知的资产、职业特性等。由于各个发卡行的标准不尽相同，因此，同样的申请材料在不同的银行可能会出现核发的信用额度不同和信用卡的种类不同的情况，甚至会出现有的银行审核通过，而有的银行拒发的情况。

(三)发卡

申请人申领信用卡成功后，发卡行将为持卡人在发卡银行开立单独的信用卡账户，以供购物、消费和取现后进行结算。

(四)开卡

由于信用卡申请通过后,发卡行是通过邮寄等方式将信用卡寄出的,所以并不能保证领取人就是申请人。为了使申请人和银行免遭盗刷损失,信用卡在正式启用前设置了开卡程序。该程序主要通过电话或者网络等形式完成,核对申请时提供的相关个人信息,符合后即完成开卡程序。此时,申请人变为卡片持有人,在卡片背后签名后就可以正式开始使用信用卡了。信用卡开卡后一般需同时为卡设立密码。

(五)辨识

信用卡卡面上至少有如下信息:

正面:发卡行名称及标识、信用卡别(组织标识)及全息防伪标记、卡号、英文或拼音姓名、有效日期(一般计算到月)。最新发行的信用卡,其正面附有芯片,芯片账户与卡磁条账户为相对独立的两个账户。

背面:卡片磁条、持卡人签名栏(启用后必须签名)、服务热线电话、卡号末四位号码或全部卡号(防止被冒用)、信用卡安全码(在信用卡背面的签名栏上,紧跟在卡号末四位号码后的3位数字,用于信用卡激活、密码管理、电视/电话及网络交易等)。

六、信用卡与借记卡的区别

(一)使用功能上的区别

(1)借记卡存款有息;信用卡则没有。

(2)信用卡能循环使用信用额度,我国发卡银行一般给予持卡人最长60天左右的免息期,持卡人的信用额度根据信用状况进行核定;借记卡没有循环授信额度。

(3)信用卡具有无抵押、无担保贷款的性质;借记卡则没有。

(4)信用卡通常是短期、小额、无指定用途的信用借款;借记卡是随存随用的。

(5)信用卡除具有信用借款功能外,还有存取现金、转账、支付结算、代收代付、通存通兑、额度提现、网上购物等功能;借记卡只能存取款、转账、网上购物等。

(二)外观上的区别

(1)信用卡正面印有持卡人的英文或拼音姓名、信用卡有效日期等信息;同种借记卡都是一样的,缺乏个性化,正面没有持卡人的英文或拼音姓名,大多数也没有有效日期。

(2)信用卡的卡号数字都是凸印的;借记卡则可能是平面字体。

(3)一些信用卡正面有“VISA”或者“MasterCard”等国际信用卡组织的标记;借记卡基本上没有。

(4)信用卡签名栏通常都有 7 位数字,这是信用卡的重要验证码;借记卡基本上没有。

(5)信用卡背面都有激光防伪签;借记卡几乎没有。

(6)信用卡在签名栏下面基本都有“持卡人签名,未经签名无效”等字样;借记卡在签名栏右侧通常只有“持卡人签名”等字样。

七、信用卡的常见发卡机构

(一)中国银联(China UnionPay)

中国银联是经中国人民银行批准的、由 80 多家国内金融机构共同发起设立的股份制金融服务机构,注册资本 16.5 亿元人民币。它于 2002 年 3 月成立,总部设在上海。中国银联的标志(logo)如图 12-3 所示。

图 12-3　中国银联

(二)维萨卡(VISA)

VISA 是全球最负盛名的支付品牌之一(见图 12-4)。VISA 国际组织其本身并不直接发卡。在亚太区,VISA 国际组织有超过 700 个会员金融机构发行各种 VISA 支付工具,包括信用卡、借记卡、公司卡、商务卡及采购卡等。VISA 分别于 1993 年和 1996 年在北京和上海成立代表处。VISA 在国内拥有包括中国银联在内的 17 家中资会员金融机构和 5 家外资会员银行。

图 12-4　VISA

(三)万事达卡(MasterCard)

万事达国际组织于 20 世纪 50 年代末 60 年代初期创立了一个国际通行的信用卡体系。1966 年,组成了一个名为银行卡协会(Inter Bank Card Association)的组织,1969 年该协会买下了 Master Charge 的专利权,统一了各发卡行的信用卡名称和设计式样,随后 Master Charge 改名为 MasterCard(见图 12-5)。

图 12-5　万事达

万事达国际组织是一个包罗世界各地金融机构的非营利协会组织,其会员包括商业银行、储蓄与贷款协会以及信贷合作社等。其基本目标始终不变:沟通会员之间的银行卡资料,并方便发行机构不论规模大小,均可进入银行卡及旅行支票市场。

八、风险及法律责任

(一)风险控制指标

根据中国人民银行颁布的《银行卡业务管理办法》,发卡银行应当遵守下列信用卡业务风险控制指标:

(1)同一持卡人单笔透支发生额个人卡不得超过 2 万元(含等值外币)、单位卡不得超过 5 万元(含等值外币)。

(2)同一账户月透支余额个人卡不得超过 5 万元(含等值外币),单位卡不得超过发卡银行对该单位综合授信额度的 3%。无综合授信额度可参照的单位,其月透支余额不得超过 10 万元(含等值外币)。

(3)外币卡的透支额度不得超过持卡人保证金(含储蓄存单质押金额)的 80%。

(4)新发生的 180 天及以上的月均透支余额不得超过月均总透支余额的 15%。

准贷记卡的透支期限最长为 60 天。贷记卡的首月最低还款额不得低于其当月透支余额的 10%。

(二)追偿途径

发卡银行通过下列途径追偿透支款项和诈骗款项：

(1)扣减持卡人保证金、依法处理抵押物和质物；

(2)向保证人追索透支款项；

(3)通过司法机关的诉讼程序进行追偿。

发卡银行采取了上述所列措施后仍不足以弥补的，将按照财政部有关规定执行。对已核销的透支款项又收回的，本金和利息作增加“呆账准备金”处理。

(三)法律责任

有下列情形之一，进行信用卡诈骗活动，数额较大的，处 5 年以下有期徒刑或者拘役，并处 2 万元以上 20 万元以下罚金；数额巨大或者有其他严重情节的，处 5 年以上 10 年以下有期徒刑，并处 5 万元以上 50 万元以下罚金；数额特别巨大或者有其他特别严重情节的，处 10 年以上有期徒刑或者无期徒刑，并处 5 万元以上 50 万元以下罚金或者没收财产：

(1)使用伪造的信用卡，或者使用以虚假的身份证明骗领的信用卡的；

(2)使用作废的信用卡的；

(3)冒用他人信用卡的；

(4)恶意透支的。

所谓恶意透支，是指持卡人以非法占有为目的，超过规定限额或者规定期限透支，并且经发卡银行两次催收后超过 3 个月仍不归还的行为。

盗窃信用卡并使用的，依照相关法律规定定罪处罚。

九、计息和收费

(一)利率市场化改革

为深入推进利率市场化改革，中国人民银行决定，自 2021 年 1 月 1 日起，信用卡透支利率由发卡机构与持卡人自主协商确定，取消信用卡透支利率上限和下限管理(即上限为日利率万分之五、下限为日利率万分之五的 0.7 倍)。

发卡机构应通过本机构官方网站等渠道充分披露信用卡透支利率并及时更新，应在信用卡协议中以显著方式提示信用卡透支利率和计结息方式，确保持卡人充分知悉并确认接受。披露信用卡透支利率时应以明显方式展示年化利率，不得仅展示日利率、日还款额等。

(二)非现金交易的优惠条件

贷记卡持卡人非现金交易享受如下优惠条件：

(1)免息还款期待遇。银行记账日至发卡银行规定的到期还款日之间为免息还款期。免息还款期最长为60天。持卡人在到期还款日前偿还所使用全部银行款项即可享受免息还款期待遇,无须支付非现金交易的利息。

(2)最低还款额待遇。持卡人在到期还款日前偿还所使用全部银行款项有困难的,可按照发卡银行规定的最低还款额还款。

(三)透支利息的相关规定

根据《银行卡业务管理办法》相关规定,贷记卡持卡人选择最低还款额方式或超过发卡银行批准的信用额度用卡时,不再享受免息还款期待遇,应当支付未偿还部分自银行记账日起,按规定利率计算的透支利息。

贷记卡持卡人支取现金、准贷记卡透支,不享受免息还款期和最低还款额待遇,应当支付现金交易额或透支额自银行记账日起,按规定利率计算的透支利息。

发卡银行对贷记卡持卡人未偿还最低还款额和超信用额度用卡的行为,应当分别按最低还款额未还部分、超过信用额度部分的5%收取滞纳金和超限费。

此外,贷记卡透支按月计收复利,准贷记卡透支按月计收单利,透支利率为日利率万分之五,并根据中国人民银行的此项利率调整而调整。

十、信用卡消费

(一)记账日

记账日,是指发卡机构根据持卡人发生交易后将交易款项记入其信用卡账户,或根据规定将滞纳金、年费、手续费、追索费、利息等记入其信用卡账户的日期。

记账日一般不是刷卡交易的当天,而是商户完成收款后的第二天。

(二)账单日

账单日,是指发卡机构定期对持卡人的交易款项、费用等进行汇总,结计利息,计算出持卡人应还款项的日期。换句话说,账单日是指银行账户结算的日子,也就是出账日。

假设某持卡人的账单日为每月10日,若该持卡人在3月9日透支消费1000元,则当期账单日为3月10日;若该持卡人在3月11日透支消费1000元,则当期账单日为4月10日。

(三)还款日

还款日,是指持卡人在约定日期还款的日期,若持卡人不能按时还款则会有不良记录并产生利息。

假设某持卡人的信用卡账单日为每月10日,若该持卡人在3月9日透支消费1000元,当期账单日为3月10日,那么该笔消费计入3月账单,在免息还款期之前还款都是免息的;在免息还款期之后还款,则会产生利息和逾期不良记录,影响个人征信记录。

(四)最低还款额

若信用卡持卡人在还款日当日,无法偿还全部应付款项,此时便可按发卡机构规定的最低还款额进行还款,这样可避免因逾期还款而影响个人征信记录。若持卡人选择最低还款额还款,则无法同时享受免息还款待遇。一般来说,最低还款额会列示在当月的账单中。

假设某人某月的信用卡消费账单为 5000 元,最低还款 500 元后,那么利息的计算应按照欠款 5000 元乘以每日万分之五来收取。假如下个月再消费 5000 元,那么账单就是 9500 元,最低还款额就是 950 元了,同时利息要按上一期的 5000 元再加上当月的 5000 元也就是 10000 元来计算。如果该持卡人接下来都不再使用信用卡消费,那么发卡机构将一直按照 10000 元每日收取万分之五的利息,直至该持卡人把所欠款项全部还清。

(五)年费

信用卡是有年费的,根据发卡机构的不同、卡的种类和级别的不同,信用卡的年费也是不同的。尽管如此,大部分发卡机构的年费政策是差不多的,一般而言,标准信用卡的年费在 100 元左右;金卡的年费一般为 200 元或 300 元;单币卡的年费较双币卡更低;附属卡的年费一般为对应主卡年费的 50%。

(六)信用额度

一般来说,发卡机构在判定信用卡的信用额度时,会考虑申请人的资质(职业、收入、经济实力、偿还债务能力、之前的征信记录等),同时考虑申请卡的种类(普卡、金卡、白金卡、黑卡等)等因素,发卡机构根据申请资料进行综合评定后会给出相应的信用额度。申请人的资质越好,可以获得的额度也就越高。

信用卡的信用额度,和申请人的收入和担保资产成正相关关系,即越高的收入和担保资产,获得的额度越高。因此,在办理信用卡时,申请人需提供收入证明、担保资产证明等。担保资产既包括房产、汽车等固定资产,也包括储蓄等流动资产。

十一、信用卡的使用技巧

(一)按时还款

信用卡是银行提供给持卡人的透支工具,使用信用卡消费,可以在一定程度上缓解消费者的经济压力。值得注意的是,信用卡属于银行信贷产品,使用信用卡消费后是需要偿还的,持卡人需要牢记信用卡的还款日期。如果持卡人未能在规定的期限内偿还欠款,那么持卡人就可能会发生逾期。此时,信用卡持卡人就会面临银行催收、罚息等,其个人征信记录也会受到影响。

(二)全额还款

虽然银行在普及信用卡时,都会强调它的免息还款期,但大部分人对免息还款期的规则仍不是很清楚。比如,春节期间,张某买一部新手机用信用卡刷了 4000 元,在还款的时候其账户内只有 3999.7 元,银行扣款之后,张某还欠银行 0.3 元。消费者没有全额还款,就必须支付利息,且不享受免息期(每天利息＝当天剩余未还金额×利率)。建议在还款时尽量全额还款,以免损失更大。

其实每一张信用卡都有一个隐藏的超限额度,当信用卡被刷爆时,就很容易动用超限额度,而一旦使用超限额度,就意味着要支付高额的超限费。很多消费者在购物的过程中并不能够把握好,经常出现刷爆信用卡的情况。这里建议大家提前向银行申请提高临时额度,这样不仅可以避免刷爆信用卡,而且还可以提升信用额度。

(三)理性使用信用卡分期和最低还款额

选择最低还款额时一定要足额还款,当信用卡持卡人无法在规定的期限内将欠款全额还清时,为了避免发生逾期行为,那么持卡人可以选择办理信用卡分期或偿还信用卡最低还款额。这两种还款方式都会产生一定的费用,所以一定不能滥用信用卡分期或最低还款。

在日常生活中,经常会遇到资金周转不灵的情况,此时我们可以选择按照最低还款限额还款,这样就能够保证个人征信记录不受影响,同时也不会产生太多的滞纳金。需要注意的是,最低还款额一定要足额缴纳,否则将会遭遇到高额的滞纳金。

【工作场景】

1.“代办信用卡”诈骗

张某在网上看到一条代办大额度信用卡的小广告。点击广告后,出现的是一个申请代办信用卡的网站,张某将个人姓名、联系电话等信息填写完毕后,一名自称银行信用卡客服的人联系张某,张某按照“客服”的要求交了一笔 400 元的手续费。3 天后,张某收到一张银行信用卡。同时信用卡“客服”再次来电,要求张某打 1.2 万元进入这张信用卡,以便进行信用卡激活。待到张某如数转账后发现信用卡的额度并没有提高,张某当即联系“客服”,发现对方电话已关机,这才意识到自己被骗。

- **工作建议**

2.“信用卡解冻”注意甄别

周女士收到一条短信，内容是其名下的信用卡因逾期还款问题已被冻结。因为周女士名下确实有该行的信用卡，所以周女士按照短信上的“客服”电话拨打过去与对方联系，并在“客服”的要求下，将自己的信用卡卡号、卡片背后的交易安全码以及手机验证码一并告知对方。随后她便收到银行短信，显示其信用卡被消费4998.79元。这时，周女士才意识到被骗，随即报警。

- **工作建议**

______

______

______

______

______

______

3.免费提高信用卡额度？

2020年，刘某收到一条“某某银行”发来的短信，刘某点击短信中的链接后，便进入了“某某银行页面”。刘某发现该网页上有办理信用卡、信用卡额度提升等业务，便选择了信用卡额度提升业务，并按照平台指示输入了银行卡号、身份证号和手机号等。刘某在输入手机验证码后，发现自己卡内的10000元被盗刷，当即意识到被骗，遂报警。

新冠疫情防控期间，一些不法分子利用疫情发布虚假信息实施诈骗，侵害消费者利益。鉴于此，中国银保监会2020年2月发布《关于防范不法分子在疫情防控期实施诈骗造成资金账户受损的风险提示》，提醒广大消费者要注重保护个人金融信息和金融资产安全，注意银行卡使用安全，提高金融风险防范意识。

不法分子的诈骗手法主要集中在以下两个方面：一是“退改签”电信诈骗中窃取银行卡号、密码、验证码等敏感信息，转走卡内余额；二是在网络平台以“采购防护物资”“献爱心”等为幌子发布虚假信息，诱骗消费者转账。

- **工作建议**

______

______

______

______

______

______

4. 套取信用卡积分

通过信用卡套现等不法手段套取信用卡积分，通常是在费率较低的商户端频繁、大额地刷卡，以此获得信用卡积分，再用积分向银行信用卡中心兑换礼品、消费券、合作方航空里程等，然后将这些物资放在二手平台上转卖。目前，市面上有部分中介机构经营信用卡积分兑现业务，甚至提供安装 POS 机、办理信用卡、贷款等全套服务。

• 工作建议

【工作误区】

1. 信用卡逾期

信用卡逾期还款是忌中之忌，持卡人应避而远之。一旦造成信用卡逾期，持卡人不仅要支付高额的利息和滞纳金，还会影响个人征信记录。在个人征信报告上，显示的是信用卡最近 24 个月的还款记录。一旦发生信用卡逾期还款行为，持卡人需再正常使用信用卡 24 个月才能覆盖之前的逾期记录。

2. 信用卡取现、分期是常态

为什么说信用卡取现、分期是用卡禁忌之一？经常用信用卡取现、分期的持卡人需要关注以下信息：信用卡取现年利率高达 18.25%，账单分期年实际利率高达 15%。

持卡人若过度透支信用卡，还不上卡债时只好选择取现、分期等方式来还款。长此以往，信用卡高额的利息会让你入不敷出。

3. 信用卡套现

虽然信用卡套现能获得资金，减少利息支出，但持卡人终究还是需要还款的。一旦超过免息期，持卡人需偿还免息期内的透支利息（日利率 0.05%）和逾期滞纳金。更严重的是，信用卡套现属违法行为，很可能遭遇信用卡降额，严重者还会被封卡。

【工作任务】

1. 熟悉信用卡办理流程。
2. 调查 3 家不同商业银行的信用卡年费及其收费标准。
3. 调研女性利用信用卡进行消费的情况，并形成调研报告。

班级		姓名		学号	

工作情境 13　网上银行

【工作目标】

1. 知识与技能目标：熟练掌握网上银行的开户流程。

2. 情感与态度目标：谨防网银工具的使用风险，注重网银转账的安全，培养资金的风险性和收益性成正相关的理念。

【工作背景】

银行一词源于意大利语 banca，原意是板凳，供早期的银行家在市场上进行交易时使用。后英语转化为 bank，意为存放钱的柜子，故早期的银行家（banker）也被称为“坐长板凳的人”。

1897 年 5 月 27 日由盛宣怀创办的中国通商银行，是中国人自办的第一家银行，也是上海最早开设的华资银行。盛宣怀，江苏江阴人，创造了 11 项“中国第一”：除了创办第一家银行中国通商银行之外，第一家股份制企业轮船招商局、第一个电报局中国电报总局、第一条铁路干线京汉铁路等也都是其杰作。

盛宣怀是第一个向清政府建议用“西洋思维”改变传统金融业的人。鸦片战争以后，西方国家纷纷在中国设立银行，而中国也需要有自己的银行来调剂资金。1896 年 11 月，盛宣怀向清廷建议：“铸银币、开银行两端，实为商务之权舆。”

除发钞外，中国通商银行还代收库银，全国各大行省均先后设立分行，包括北京、天津、宁波等地，业务极一时之盛。1900 年，八国联军攻占北京，北京分行首遭焚毁，天津分行亦随之收束，业务渐告不振。至 1905 年，只剩下北京、汉口两个分行和烟台一个支行。

从近代银行业的起源看，银行或者金融机构都是因为社会经济发展到一定阶段，为顺应历史潮流和用户需求而诞生的。

随着社会生产力的不断发展，从工业革命到 21 世纪的互联网浪潮，商业行为日益繁荣，用户需求不断增多且追求个性化，互联网 5G 时代的银行承载了不同的历史意义。

【工作用具】

银行卡若干、U 盾、保险柜等。

【工作内容】

一、网上银行的概念

网上银行又称网络银行、在线银行或电子银行等，它是各银行在互联网中设立的虚拟柜台。银行利用网络技术，通过互联网向客户提供开户、销户、查询、对账、行内转账、跨行转账、信贷、网上证券、投资理财等传统服务项目，使客户足不出户就能够安全、便捷地管理活期和定期存款、支票、网上银行及个人投资等。

网上银行又被称为“3A 银行”，因为它不受时间、空间限制，能够在任何时间(anytime)、任何地点(anywhere)以任意方式(anyway)为客户提供金融服务。

二、网上银行的分类

(一)按照有无实体分类

1. 无形电子银行

完全依赖于互联网的无形电子银行，也叫“虚拟银行”，是指没有实际的物理柜台作为支持的网上银行。这种网上银行一般只有一个办公地址，没有分支机构，也没有营业网点，采用国际互联网等高科技服务手段与客户建立密切的联系，提供全方位的金融服务。

2. 有形电子银行

在现有传统银行的基础上，利用互联网开展传统的银行交易服务的有形电子银行，即传统银行利用互联网作为新的服务手段为客户提供在线服务，实际上是传统银行服务在互联网上的延伸。这是网上银行存在的主要形式，也是绝大多数商业银行采取的网上银行发展模式。

(二)按照服务对象分类

1. 个人网上银行

个人网上银行主要适用于个人和家庭的日常消费支付与转账。客户可以通过个人网上银行服务，实现实时查询、转账、网上支付和汇款等功能。个人网上银行服务的出现，标志着银行的业务触角直接伸展到个人客户的 PC 端，方便实用。

2. 企业网上银行

企业网上银行主要针对企业与政府部门等企事业单位。企事业单位可以通过企业网上银行服务实时了解单位的财务运作情况，及时在组织内部调配资金，轻松处理大批量的网上支付和工资发放等业务，并可处理信用证等相关业务，如图 13-1 所示。

图 13-1　企业网上银行的主要功能

三、网上银行的开通流程

（一）个人网上银行的开通流程

1. 银行官网自助开通

客户登录开户银行的官网，点击网银登录，然后下载相关安全控件，输入需要开通网银的银行卡卡号和密码就可以完成自助开通。不过需要注意的是，自助开通的网银只能用来查询银行卡的账户余额和交易记录。

2. 银行柜台开通

这也是最常用的一种开通网银的方式。客户携带银行卡和有效身份证件到开户银行营业网点，然后填写相关的表格即可办理。具体流程如下：

(1)客户填写资料。

(2)提交申请资料。

(3)银行网点审核客户资料。

(4)客户签字，即可开通网银。

(5)安装安全控件和证书驱动。

(二)企业网上银行的开通流程

(1)仔细阅读有关资料。企业需仔细阅读《网上银行业务章程》《网上银行企业客户服务协议》等有关介绍材料。

(2)准备申请材料。企业应准备有关部门核发的法人代码证、填写《网上银行企业客户注册申请表》以及开户行需要的其他材料。《网上银行企业客户注册申请表》《企业或集团外常用账户信息表》《企业贷款账户信息表》《客户证书信息表》《分支机构信息表》等相关资料,企业可向开户行索取。取得申请表后,企业应如实填写表中各项内容,加盖单位公章,并保证内容的真实性。需要特别注意的是,企业应准确填写联系地址,否则可能耽误申请事宜。

(3)提交申请材料。企业应将全部申请材料交给开户行,银行会对申请材料进行审批。

(4)等待审批结果。银行会在收到申请表的两周之内通过电话、电子邮件或信函等方式给予答复。对于未通过银行审批的,申请材料原件将退回给企业。

(5)领取客户证书和密码信封。银行将在审批同意之日起两周内发出通知,企业可到开户行领取客户证书和密码信封,领取后的次日就可使用网上银行了。同时,银行会发送客户端安全代理软件,企业可按银行所提供的安装说明下载并安装软件。若存在问题,企业应及时与银行联系,银行会上门安装。

(6)办理各分支机构《账户查询、转账授权书》。对于银行审批同意的集团客户,需组织下属的分支机构协助银行办理《账户查询、转账授权书》的核实事宜。该授权书是集团客户的分支机构授权银行通过网上银行系统向其总部提供该分支机构账户信息或同时授权银行允许其总部通过网上银行系统从该分支机构账户中转出资金的书面证明文件。《账户查询、转账授权书》一式两份,分支机构可向其开户行索取。分支机构签署《账户查询、转账授权书》同意授权后,即可通过网上银行对其账户进行操作。

四、网上银行与传统银行的区别

(一)用户操作渠道不同

网上银行:在互联网中设立虚拟柜台,利用网络技术向客户提供开户、销户、查询、对账、行内转账、跨行转账、信贷、网上证券、投资理财等传统服务。

传统银行:有具体的地点跟建筑,客户需要亲自到柜台进行相关操作。

(二)时间限制

网上银行:客户可随时随地上网进行操作。

传统银行:用户必须在银行网点相应的工作时间内进行操作。

五、网上银行的安全工具

(一)U 盾

1. 概念

优盾是 U 盾的俗称,是网银安全的卫士。U 盾是中国工商银行在 2003 年推出并获得国家专利的客户证书 USBkey,是工行提供的办理网上银行业务的高级别安全工具,是用于在网络环境里识别用户身份的数字证书,也是目前网上银行客户端级别最高的一种安全工具。

它的外形酷似 U 盘(见图 13-2),像一面盾牌,时刻保护着网上银行资金安全,故而得名。U 盾采用高强度信息加密、数字认证和数字签名技术,具有不可复制性,可以有效抵御风险,确保客户网上支付资金安全,使用方便。

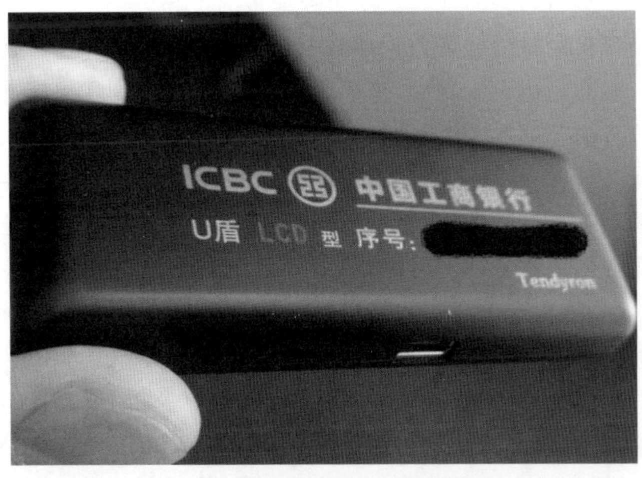

图 13-2 工商银行 U 盾

2. 功能

(1)交易更安全。客户办理网上银行业务时,不用再担心黑客、假网站、木马病毒等各种风险,U 盾可以保障客户的网上银行资金安全。

(2)支付更方便。客户不用再受各种支付额度的限制,可实现网上大额转账、汇款、缴费和购物等。

(3)功能更全面。客户可以通过网上银行签订个人理财协议,享受银行独具特色的理财服务。

(4)服务更多样。客户可以将 U 盾与支付宝账号等进行绑定,利用 U 盾进行身份认证,从而保障支付宝账户等的资金安全。

(二)电子银行口令卡

电子银行口令卡相当于一种动态的电子银行密码。口令卡上以矩阵的形式印有若干字符串,客户在使用电子银行(包括网上银行或电话银行)进行对外转账、B2C购物、缴费等支付交易时,电子银行系统就会随机给出一组口令卡坐标,客户根据坐标从卡片中找到口令组合并输入电子银行系统。只有当口令组合输入正确时,客户才能完成相关交易。

这种口令组合是动态变化的,使用者每次使用时输入的密码都不一样,交易结束后即失效,从而杜绝不法分子通过窃取客户密码盗窃资金,保障电子银行安全。

(三)静态密码

静态密码就是指用户申请网银时自己设置的密码。静态密码就是不变的密码,用户设定网银密码后,一般不会随意修改。比如"123456"这个国际通用的密码,到目前仍有超过1亿人在使用,远超其他密码,成为使用次数最多的密码。

传统"账号+密码"的身份验证方式中提及的密码即为静态密码,是由用户自己设定的一串静态数据。静态密码设定之后,除非用户自己更改,否则将保持不变。这也就导致了静态密码的安全性缺点,比如容易被偷看、猜测、字典攻击、暴力破解、窃取、监听、重放攻击、木马攻击等。

为了从一定程度上提高静态密码的安全性,用户可以定期对密码进行更改。但是这又导致了静态密码在使用和管理上的困难,特别是当一个用户有多个甚至几十个密码需要处理时,就非常容易造成密码记错和密码遗忘等问题,而且也很难要求所有的用户都能够严格执行定期修改密码的操作。而且即使用户定期修改,密码在一段时间内仍是固定的。

从总体上来说,静态密码的缺点和不足主要表现在以下几个方面:

(1)静态密码的易用性和安全性互相排斥,两者不能兼顾:简单的静态密码安全性弱,容易记忆;复杂的静态密码安全性高,但是不易记忆和维护。

(2)静态密码安全性低,容易遭受各种形式的安全攻击。

(3)静态密码的风险成本高,一旦泄密将可能造成很大程度的经济损失,而且在发生损失以前,用户通常不知道静态密码已经泄露。

(4)静态密码的使用和维护不便。特别是当一个用户有多个甚至几十个静态密码需要使用和维护时,静态密码遗忘及遗忘以后所进行的挂失、重置等操作通常需要花费不少的时间和精力,非常影响使用感受。

(四)生物识别技术

生物识别技术是指利用可测量的人体生物学或行为学特征,与计算机、光学、声学、生物传感器和生物统计学技术等结合来区分、识别与核实个人身份的一种自动识别技术。

能用来鉴别身份的生物特征应具有广泛性、唯一性、稳定性、可采集性等特点。可利用的人体固有的生理特征大致包括指纹、指静脉、人脸、虹膜、视网膜、基因等，行为特征大致包括笔迹、声音、步态等。

每个人都有自身固有的生物特征，这些特征具有因人而异、与生俱来、终身不变、随身携带、不可复制等特点。这种生物密钥无法拷贝与复制，不会丢失，不会遗忘，因而可成为最便携、最可靠的个人自动识别特征。

所有的生物识别技术都包括原始数据获取、抽取特征、特征处理、匹配鉴别等主要步骤，例如人脸识别技术（见图 13-3）和指纹识别技术（见图 13-4）。

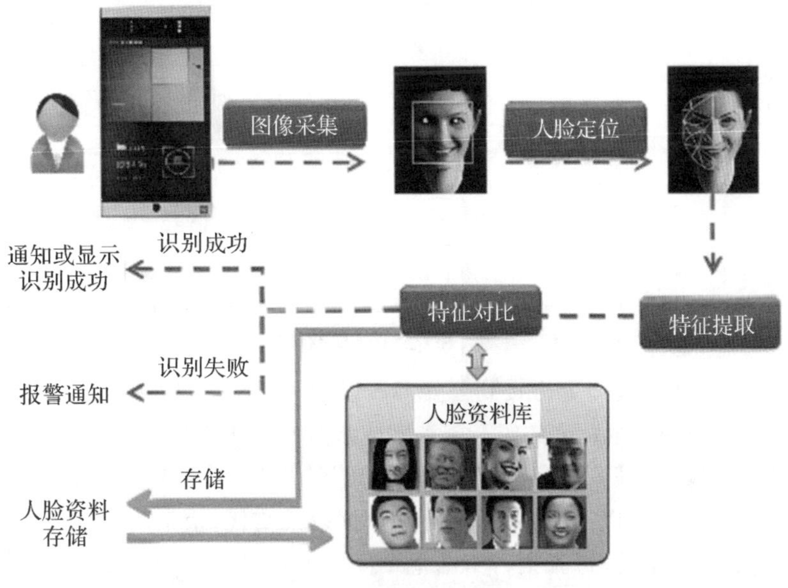

图 13-3　人脸 AI 识别技术

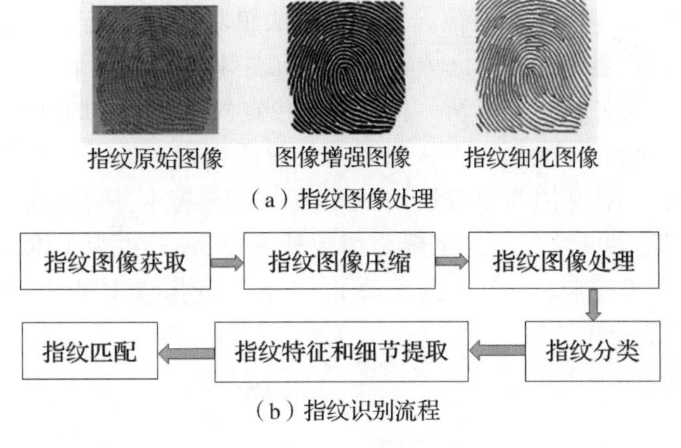

图 13-4　指纹识别技术

【工作情境】

1.假银行流水可以在银行蒙混过关吗?

据媒体调查,在某电商平台搜索关键词“银行流水”后,任意点进一家网上店铺,看到商品详情页面里的介绍变成了“电脑打印纸”,却不提银行流水单,于是联系客服,客服要求加微信后再沟通,并表示是由于商品特殊性才这样操作的。

- **工作建议**

2.倒卖银行卡,涉嫌电信诈骗,资金达上亿元

2021年10月,山东菏泽警方接到公安部线索,东明县多人银行卡涉嫌帮助电信诈骗团伙转账洗钱,其中一名嫌疑人的银行卡涉案流水竟高达1.5亿元。

根据公安部推送的线索,办案民警很快锁定了一名犯罪嫌疑人佘某。2021年6—7月,佘某的银行卡有一笔将近40万元的流水。据佘某交代,佘某的朋友杜某曾问他是否有闲置的银行卡可以租借,每张银行卡给他700元的租借费。佘某没有意识到将银行卡交给他人会涉嫌违法犯罪,于是,他将成套的银行卡、网银、U盾一并交给了杜某使用。

警方断定,杜某应该就是佘某的上家,为了避免打草惊蛇,办案民警对杜某进行了秘密调查。警方发现,杜某还存在帮他人洗钱的违法犯罪行为。而让人十分震惊的是,杜某的银行卡竟然在短短的一个月之内有1.5亿元流水。这显然是一件十分不正常的事情,于是,民警立即对杜某实施抓捕。杜某没有稳定的工作,也没有固定的收入来源,据他交代,一次偶然的机会,他在网上认识了一位收购银行卡的人。对方承诺,每张银行卡给杜某700块钱。杜某因为没有钱,就办理了4套银行卡并邮寄给了对方,对方通过微信转账给了杜某2800块钱。这笔钱很快被杜某挥霍一空,为了维持生计,他便发动亲戚朋友一起贩卖银行卡。杜某一共发动了10余人卖卡,累计卖出银行卡40余张,自己从中抽成近万元。

- **工作建议**

3. 你相信“无须抵押、银行贷款”吗?

张某成立了一家民营企业,2010 年由于银行贷款额度收紧,出现了融资难的问题。一天,张某从报纸上看到“无须抵押、银行贷款”的小广告,立即拨打了广告上留的手机号码。在就无须抵押的银行贷款进行咨询时,不法分子要求张某到银行网点开立一个零余额账户并签约网上银行,提供网上银行签约信息、密码等。张某按照不法分子的要求开立了账户,进行了网上银行签约,并将签约信息、密码等信息提供给不法分子。不法分子在得到这些签约信息后,立即登录网上银行下载客户证书。之后,不法分子要求张某再开立一个账户,并存入贷款金额 30% 的保证金进行验资,验资合格后进行放款。不法分子还提醒张某要保存该账户密码,不要透露给任何人,以赢得张某的信任,同时要求张某将此账户签约网上银行。张某以为持有账户介质,账户密码也未透露给他人,资金应该是安全的。在张某将存有保证金的账户签约网上银行后,不法分子立即通过网上银行将该账户中的资金转走。

- **工作建议**

4. 网上银行自助下载证书时应谨防第三方

杨先生在卡上存入 100 万元,第二天卡内就少了 995050 元,仅剩下 4950 元,而此时银行卡、USBkey 等资料还都好好地保管在他的保险柜里。为此,杨先生将银行告上法庭,索赔 100 万元。法院作出一审判决,认为杨先生未妥善保管密码是巨款被取走的原因,遂驳回杨先生的诉讼请求,并判令其负担案件受理费。

杨先生说:“因业务需要,我与第三方约定对此 100 万元存款进行双控,也就是双方同时控制账号。”这就是本案的关键。经过分析,问题终于浮出水面,主要原因就是杨先生开通了网上银行,设置了网上银行的密码,并设置了账户安全方式为 USBkey 验证,但是他却将账号、密码告诉了第三方,以为第三方没有 USBkey 就无法转账。这样操作看似没有问题,但在实际操作中,杨先生应该在 USBkey 下载了证书之后再将密码告诉第三方。问题就出在杨先生还没有下载证书就把密码告诉了第三方,那么第三方很容易就能下载到证书,配合支付密码就可以转款了。

- **工作建议**

【工作误区】

识别诈骗套路口诀

1. 十个"凡是",都是诈骗

(1)凡是自称公检法要求汇款的;

(2)凡是叫你汇款到"安全账户"的;

(3)凡是通知中奖、领取补贴要你先交钱的;

(4)凡是通知"家属"出事先要汇款的;

(5)凡是在电话中索要个人和银行卡信息的;

(6)凡是叫你开通网银接受检查的;

(7)凡是叫你宾馆开房接受检查的;

(8)凡是叫你登录网站查看通缉令的;

(9)凡是自称领导(老板)要求汇款的;

(10)凡是陌生网站(链接)要求登记银行卡信息的。

2. 五个"一律",拒骗有道

(1)只要谈到银行卡,一律挂掉电话;

(2)只要谈到中奖了,一律挂掉电话;

(3)只要谈到是公检法税务或领导干部的,一律挂掉电话;

(4)所有短信,但凡让你点击链接的,一律删掉链接;

(5)微信不认识的人发来的链接,一律不点链接。

3. 网上银行操作安全技巧

请尽量使用专用电脑操作网上银行,并定期更新操作系统安全补丁和杀毒软件。

请通过银行官方网站访问网上银行,不要通过电子邮件、不明网站等链接登录网上银行。

请在使用网上银行完毕后，点击页面右上角的"退出系统"，以确保安全退出。

如果你是网银U盾客户，请在退出网上银行后，立即拔出你的网银U盾，并妥善保管。

【工作任务】

1. 学习3家银行的网上银行办理流程，登录银行官网、APP或微信小程序进行网上银行的操作。

2. 列举3种不同的静态密码组合方式。

3. 随着人脸识别技术的快速发展，识别精度和速度的有效提升以及安全性能的提高，有更多的领域应用到人脸识别技术，例如金融、安防、教育、医疗等领域。请你谈一谈人脸识别技术在金融领域的具体应用。

班级		姓名		学号	

工作情境14 支 票

【工作目标】

1.知识与技能目标：了解支票的发展历史，熟练掌握支票的签发、记载事项的填写及相关规范。

2.情感与态度目标：强化签发空头支票的法律责任，树立规避空头支票的风险意识。

【工作背景】

我国在唐代出现了一种名为“飞钱”的票券，学者们大多认为“飞钱”是我国现代汇票的起源(见图14-1)。唐宪宗时期(806—820年)，各地茶商交易往来频繁，但交通不便，携带款项困难。为方便起见，创制了飞钱。商人在京城长安(今西安)把现金支付给地方(各道)驻京的进奏院及各军各使等机关，或者在各地方设有联号的富商，由他们发给半联票券，另半联票券则及时送往有关的院、号，持券的商人到目的地时，凭半联票券与地方的有关院、号进行“合券”，然后支取现金。当时，飞钱只是一种运输、支取现金的工具，不是通用的货币。唐代，还使用过一种叫“帖”的票券，有学者认为“帖”是我国支票的起源。

宋代出现了“便钱”和“交子”。宋太祖开宝三年(970年)，官府设官号“便钱务”。商人向“便钱务”纳付现金，请求发给“便钱”；商人持“便钱”到目的地向地方官府提示付款时，地方官府应于当日付款，不得停滞。这种“便钱”类似现代“见票即付”的汇票。宋真宗时期(998—1022年)，蜀地(今四川)出现“交子”，地方富户联办“交子铺”，发行“交子”票券，供作异地运送现款之工具。后来，官府设“交子务”专办此事，发行“官交子”。“交子”与现代的本票相似。

明朝末年，山西地区商业发达，商人设立“票号”(又叫票庄、汇兑庄等)，在各地设立分号，经营汇兑业务以及存放款业务，名为汇券、汇兑票、汇条、庄票、期票等的金钱票券大为

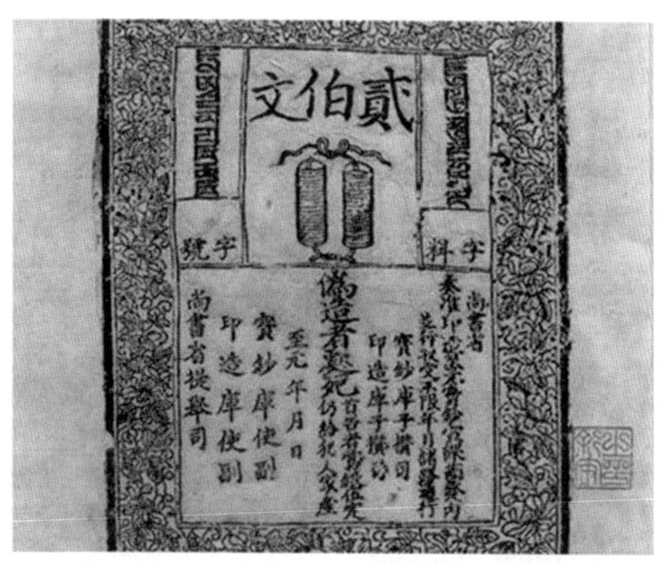

图 14-1　唐朝飞钱

流行。随后票号逐渐演变,叫作“钱庄”,并于 19 世纪中叶进入盛期。票号签发的这些票券,类似现代的汇票和本票。

【工作用具】

空白支票、碳素墨水笔或蓝黑墨水笔、财务专用章、法人章、红色印泥等。

【工作内容】

情境 14-1 支票

一、支票的定义与种类

支票(cheque)是出票人签发的,委托办理支票存款业务的银行或者其他金融机构在见票时无条件支付确定的金额给收款人或者持票人的一种票据。支票结算仅限于同城或指定票据交换地区使用。支票是一种结算工具,其本质还是要用银行存款进行收支结算。在我国,支票都是即期的,没有承兑制度,也就是我们常说的“见票即付”。

(一)记名支票和不记名支票

记名支票和不记名支票是根据支票的“收款人”栏是否记载收款人姓名来划分的。记名支票是在支票的“收款人”栏中写明收款人姓名的一种支票,如“限付××”或“指定人×××”,这种支票必须由收款人签章,才可以支取款项。而不记名支票是不记载收款人姓名的支票,也称空白支票。

(二)现金支票、转账支票、普通支票和划线支票

现金支票是指支票上印有“现金”字样的支票(见图 14-2);转账支票是指支票上印有“转账”字样的支票;普通支票就是支票上既没有印“现金”字样,也没有印“转账”字样的支票;划线支票是在支票正面划两道平行线的支票,以区别于一般支票。一般支票既可通过银行办理转账收款,也可由持票人自行提取现金,而划线支票只能委托银行转账收款,而不允许提取现款,其目的在于保障出票人和持票人的资金安全。

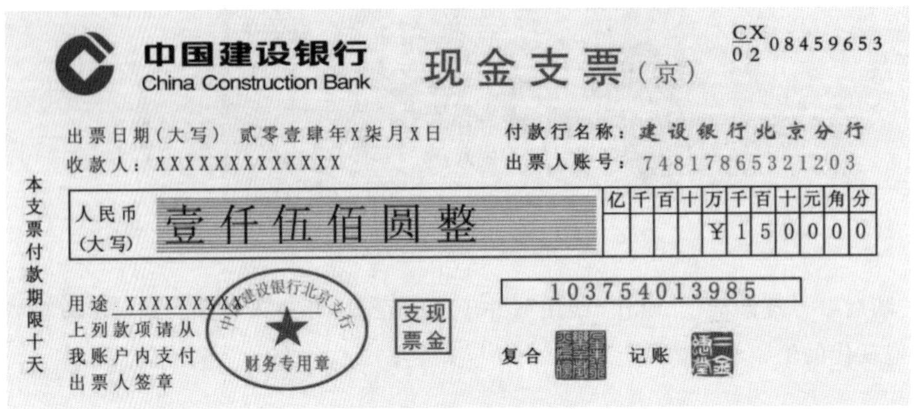
中国建设银行 China Construction Bank 现金支票(京)
CX 02 08459653
出票日期(大写) 贰零壹肆年X柒月X日 付款行名称:建设银行北京分行
收款人:XXXXXXXXXXXX 出票人账号:7481786532l203
本支票付款期限十天
人民币(大写) 壹仟伍佰圆整 ¥150000
103754013985
用途 XXXXXXX
上列款项请从我账户内支付
出票人签章
财务专用章
现金支票
复合 记账

图 14-2　现金支票样票

二、支票的记载事项

(一)绝对记载事项

支票必须记载下列 6 个事项:①表明“支票”的字样;②无条件支付的委托;③确定的金额;④付款人名称;⑤出票日期;⑥出票人签章。上述事项不记载的,票据无效。

其中,支票的金额和收款人名称可以由出票人授权补记,未补记前不得背书转让和提示付款。金额是支票出票行为的必须记载事项,而收款人名称不是出票行为的必须记载事项。如果出票人签发的支票金额超过其付款时在付款人处实有的存款金额的,则为空头支票。对于空头支票,付款银行有权拒付。出票人为个人的,则为本人的签名或者盖章。支票的出票人预留银行签章是银行审核支票付款的依据。出票人不得签发与其预留银行签章不符的支票。

(二)相对记载事项

相对记载事项未记载的,适用法律推定,不影响票据行为的效力。支票上未记载付款

地的，付款人的营业场所为付款地。支票上未记载出票地的，出票人的营业场所、住所或者经常居住地为出票地。

三、支票的签发

(一)查询

签发支票时，出票人必须查验银行存款账户内是否有足够的余额，出票人所签发的支票金额必须在银行存款账户余额以内，不准超出银行存款账户余额签发空头支票。

(二)签发

签发票据应按照《支付结算办法》和《正确填写票据和结算凭证的基本规定》记载。签发现金支票时，应用钢笔蘸墨汁或黑色碳素笔按排定的页次顺序填写。支票应由财会人员或使用人员签发，不得将支票交给收款人代为签发。支票存根要同其他会计凭证一样妥善保管。客户根据本单位的情况，签发现金支票，加盖预留银行印鉴。

(三)期限

支票付款的有效期为 10 天(中国人民银行另有规定的除外)。有效期限从签发支票的次日算起，到期日如遇节假日顺延。过期支票作废，银行不予受理。签发支票必须填写当日日期，不得签发远期支票。客户结清销户时，应将未用空白支票缴还银行。现金支票仅限于收款人向付款人(出票人开户行)提示付款。

(四)用途

现金支票的用途有一定限制，一般填写“备用金”“差旅费”“工资”“劳务费”等。转账支票的用途则没有具体规定，可填写如“货款”“代理费”等。

四、支票的管理

(一)支票管理

1. 支票要求

支票的购买、填写和保存由出纳人员负责。建立和健全银行存款日记账，出纳人员应根据审批无误的收支凭单，逐笔顺序登记银行流水收支账目，并每天结出余额。出纳人员收取支票时，必须开具加盖有“支票收讫”章的一式四联的《支票回收单》，由缴款人在右下角签名后,交缴款人、缴款部门、出纳、会计各留存一联。

2.支票使用

支票的使用必须填写《支票领用单》,由经办人、部门经理、财务经理、总经理签字后出纳方可开出。支票必须填写收款单位名称,必须由收取支票方在支票头上签收或盖章。

3.票据管理

加强票据管理,杜绝单据遗失现象。谁遗失谁负责,财务人员有权拒绝持非正式票据报销。

(二)印鉴保管

银行印鉴必须分人保管;财务专用章和总经理印鉴应分别由财务经理和出纳人员负责保管。

五、支票的挂失

已经签发的普通支票和现金支票,如因遗失、被盗等而丧失,应立即向银行申请挂失。

(一)出票人的支票挂失

已经签发的、内容齐全的可以直接支取现金的支票遗失或被盗等,出票人应当出具公函或有关证明,填写两联挂失申请书(也可用进账单代替),加盖预留银行的签名式样和印鉴,向开户银行申请挂失止付。银行查明该支票确未支付,经收取一定的挂失手续费后受理挂失,在挂失人账户中用红笔注明支票号码及挂失的日期。

(二)收款人的支票挂失

支票遗失或被盗等,收款人应当出具公函或有关证明,填写两联挂失止付申请书,经付款人签章证明后,到收款人开户银行申请挂失止付。其他有关手续同上。

同时,《票据法》第 15 条第 3 款规定:"失票人应当在通知挂失止付后 3 日内,也可以在票据丧失后,依法向人民法院申请公示催告,或者向人民法院提起诉讼。"即可以背书转让的票据的持票人在票据被盗、遗失或灭失时,须以书面形式向票据支付地(即付款地)的基层人民法院提出公示催告申请。在失票人向人民法院提交的申请书上,应写明票据类别、票面金额、出票人、付款人、背书人等票据主要内容,并说明票据丧失的情形,同时提出有关证据,以证明自己确属丧失的票据的持票人,有权提出申请。

失票人在向付款人挂失止付之前,或失票人在申请公示催告以前,票据已经由付款人善意付款的,失票人不得再提出公示催告的申请,付款银行也不再承担付款的责任。由此给支票权利人造成的损失,应当由失票人自行负责。

按照规定,已经签发的转账支票遗失或被盗等,由于这种支票可以直接购买商品,银行不受理挂失,所以,失票人不能向银行申请挂失止付,但可以请求收款人及其开户银行协助防范。如果丧失的支票超过有效期或者挂失之前已经由付款银行支付票款的,由此所造成的一切损失,均应由失票人自行负责。

六、支票常见事项

(1)支票正面不能有涂改痕迹,否则本支票作废。

(2)收票人如果发现支票内容填写不全,可以补记,但不能涂改。

(3)支票提示付款期为 10 天,日期首尾算一天,遇节假日顺延。

(4)转账支票背面的印章若盖得模糊,收款单位可携带转账支票及银行进账单到出票单位的开户银行去办理收款手续。

(5)在支票左上角划两道斜线可以防止支票丢失后被人取现,即只能通过银行转账。

(6)支票进账需要填进账单,一式三联(见图 14-3)。

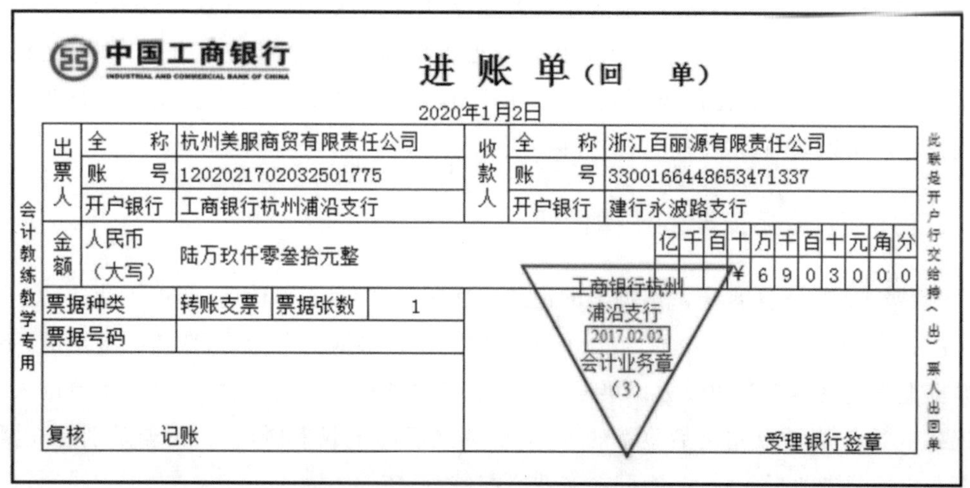

中国工商银行 INDUSTRIAL AND COMMERCIAL BANK OF CHINA

进 账 单(回 单)

2020年1月2日

出票人	全称	杭州美服商贸有限责任公司	收款人	全称	浙江百丽源有限责任公司
	账号	1202021702032501775		账号	3300166448653471337
	开户银行	工商银行杭州浦沿支行		开户银行	建行永波路支行

金额	人民币(大写) 陆万玖仟零叁拾元整	亿	千	百	十	万	千	百	十	元	角	分
					¥	6	9	0	3	0	0	0

票据种类	转账支票	票据张数	1
票据号码			
复核 记账			

工商银行杭州浦沿支行 2017.02.02 会计业务章 (3)

受理银行签章

会计教练教学专用

此联是开户行交给持(出)票人的回单

图 14-3 银行进账单填写示范

七、支票的法律责任

(一)签发空头支票的法律责任

《票据法》规定,支票的出票人所签发的支票金额不得超过其付款时在付款人处实有的存款金额,即不得签发空头支票。这就要求出票人自出票日起至支付完毕止,保证其在付款人处的存款账户中有足以支付支票金额的资金。对签发空头支票骗取财物的,要依法追究刑事责任。

1.刑事责任

对于通过签发空头支票骗取公私财物构成犯罪的,《刑法》规定,对其可处 5 年以下有期徒刑或者拘役,并处 2 万元以上 20 万元以下罚金;数额巨大或者有其他严重情节的,处 5 年以上 10 年以下有期徒刑,并处 5 万元以上 50 万元以下罚金;数额特别巨大或者有其他特别严重情节的,处 10 年以上有期徒刑或者无期徒刑,并处 5 万元以上 50 万元以下罚金或者没收财产。

2.民事责任

持票人除了要求出票人按《票据法》第 70 条、第 71 条规定的金额和费用支付外,还可要求出票人承担因签发空头支票给其造成损失的补偿责任。另外,《票据管理实施办法》第 31 条对签发空头支票的行为,还赋予持票人向出票人要求支付支票金额 2%的赔偿金的权利。

3.行政责任

《票据管理实施办法》第 31 条规定:"签发空头支票或签发与其预留的签章不符的支票,不以骗取钱财为目的的,由中国人民银行处以票面金额 5%但不低于 1000 元的罚款;持票人有权要求出票人赔偿支票金额 2%的赔偿金。"对多次签发空头支票的企业,中国人民银行还可以取消其签发支票的资格。

(二)伪造、变造支票的法律责任

《票据法》第 14 条规定:"票据上的记载事项应当真实,不得伪造、变造。伪造、变造票据上的签章和其他记载事项的,应当承担法律责任。票据上有伪造、变造的签章的,不影响票据上其他真实签章的效力。票据上其他记载事项被变造的,在变造之前签章的人,对原记载事项负责;在变造之后签章的人,对变造之后的记载事项负责;不能辨别是在票据被变造之前或者之后签章的,视同在变造之前签章。"

《刑法》第 177 条对伪造、变造金融票证罪的处罚有如下规定:"有下列情形之一,伪造、变造金融票证的,处 5 年以下有期徒刑或者拘役,并处或者单处 2 万元以上 20 万元以下罚金;情节严重的,处 5 年以上 10 年以下有期徒刑,并处 5 万元以上 50 万元以下罚金;情节特别严重的,处 10 年以上有期徒刑或者无期徒刑,并处 5 万元以上 50 万元以下罚金或者没收财产:伪造、变造汇票、本票、支票的;伪造、变造委托收款凭证、汇款凭证、银行存单等其他银行结算凭证的;伪造、变造信用证或者附随的单据、文件的;伪造信用卡的。"

【工作务实】

1. 2022 年 1 月 15 日，浙江馨雅文化传播公司与永祥装修有限公司签订服务协议，内容为装修，付款人开户银行为中国工商银行钱江支行，账号为 150100560354637189，合同金额为 65000.00 元，开出现金支票一张。会计沐风，主管王焕，复核张锋，记账凌云。

请按以上信息填写支票(见图 14-4)。

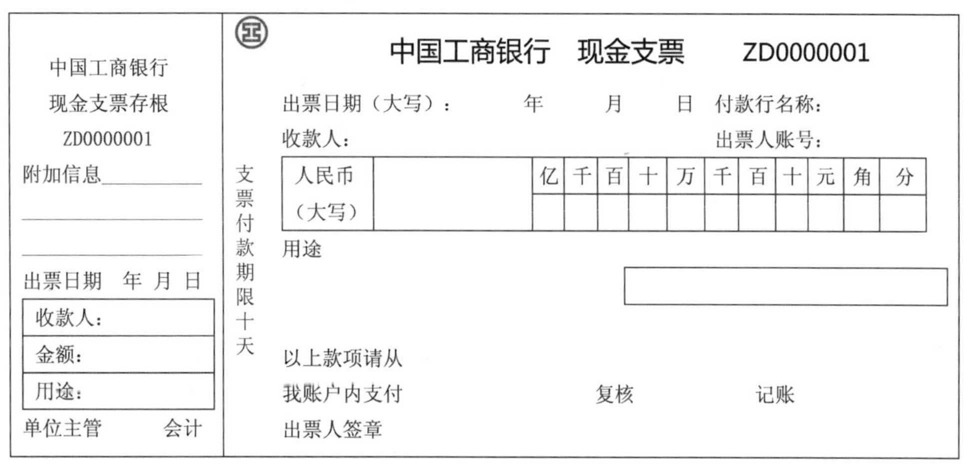

中国工商银行
现金支票存根
ZD0000001
附加信息________
出票日期 年 月 日
收款人：
金额：
用途：
单位主管 会计

中国工商银行 现金支票 ZD0000001
出票日期（大写）： 年 月 日 付款行名称：
收款人： 出票人账号：

人民币（大写）		亿	千	百	十	万	千	百	十	元	角	分

支票付款期限十天
用途
以上款项请从
我账户内支付
出票人签章 复核 记账

图 14-4 填写支票

2. 2022 年 10 月 31 日，浙江冯亚旅行社向员工发放工资，付款人开户银行为中国工商银行桐乡城西支行，账号为 150305613486135894，金额为 45000.00 元，开出转账支票一张。会计张三，主管李四，复核王强，记账李菲菲。

请按以上信息填写支票(见图 14-5)。

中国工商银行
现金支票存根
ZD0000001
附加信息________
出票日期 年 月 日
收款人：
金额：
用途：
单位主管 会计

中国工商银行 转账支票 ZD0000001
出票日期（大写）： 年 月 日 付款行名称：
收款人： 出票人账号：

人民币（大写）		亿	千	百	十	万	千	百	十	元	角	分

支票付款期限十天
用途
以上款项请从
我账户内支付
出票人签章 复核 记账

图 14-5 填写支票

3.2022 年 7 月 15 日，凤翔景区向植物园购买一批绿植装饰景区，金额为 36000.00 元，付款人开户银行为中国工商银行湖州支行，账号为 16324915351529864 5，开出现金支票一张。会计钱顺，主管吴飞黄，复核沈默，记账罗真。

请按以上信息填写支票(见图 14-6)。

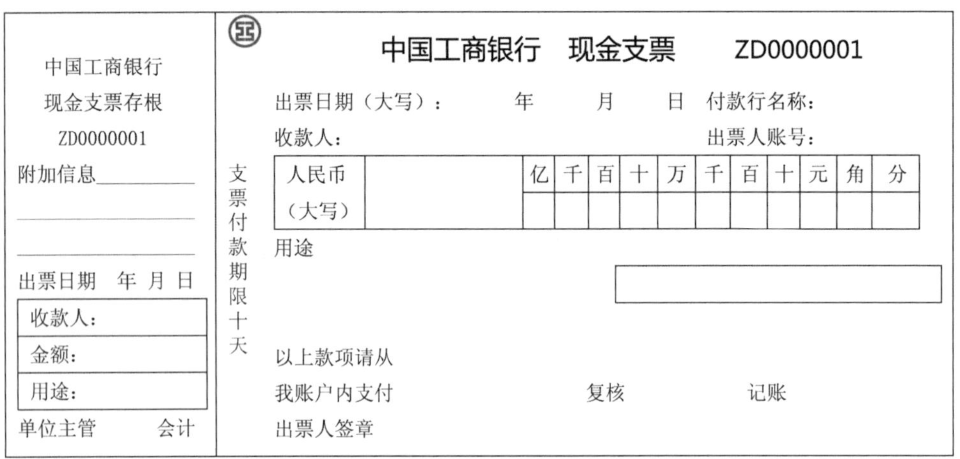

中国工商银行
现金支票存根
ZD0000001
附加信息________
出票日期 年 月 日
收款人：
金额：
用途：
单位主管 会计

中国工商银行 现金支票 ZD0000001
出票日期（大写）： 年 月 日 付款行名称：
收款人： 出票人账号：
支票付款期限十天

人民币（大写）		亿	千	百	十	万	千	百	十	元	角	分

用途
以上款项请从
我账户内支付
出票人签章
复核 记账

图 14-6 填写支票

4.2021 年 12 月 27 日，海天酒店翻新店面大堂吧，与天青装修公司签订协议，合同金额为 60000.00 元，付款人开户银行为中国工商银行绍兴鉴湖支行，账号为 14986315236985321 4，开出转账支票一张。会计千峰，主管星宇，复核石强，记账李伟一。

请按以上信息填写支票(见图 14-7)。

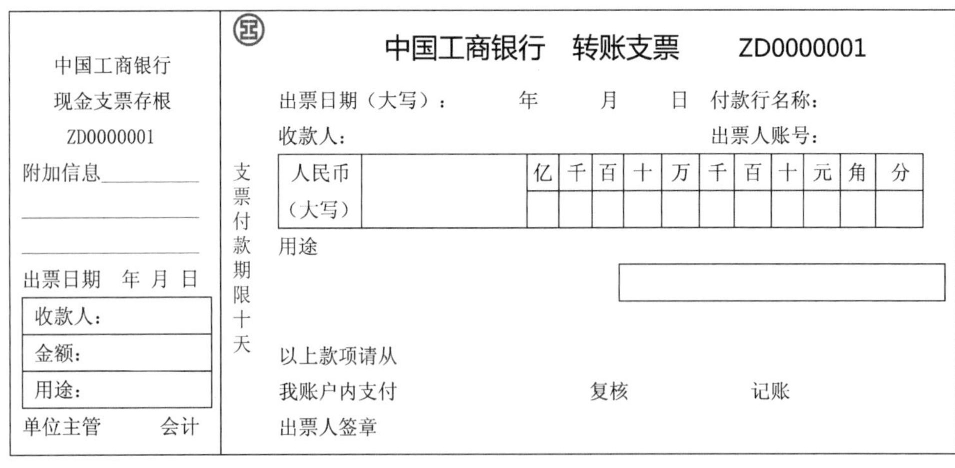

中国工商银行
现金支票存根
ZD0000001
附加信息________
出票日期 年 月 日
收款人：
金额：
用途：
单位主管 会计

中国工商银行 转账支票 ZD0000001
出票日期（大写）： 年 月 日 付款行名称：
收款人： 出票人账号：
支票付款期限十天

人民币（大写）		亿	千	百	十	万	千	百	十	元	角	分

用途
以上款项请从
我账户内支付
出票人签章
复核 记账

图 14-7 填写支票

5. 找出图 14-8～图 14-11 中的填写错误。

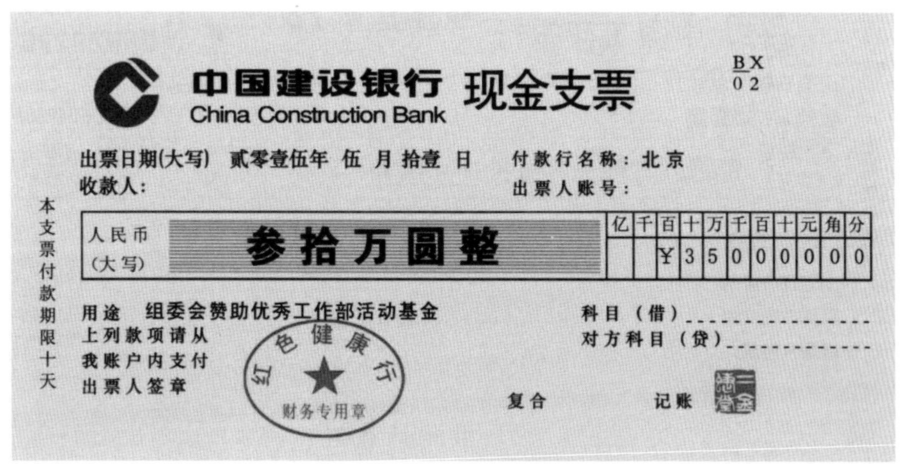

中国建设银行 China Construction Bank 现金支票　BX 02

出票日期(大写)　贰零壹伍年　伍　月　拾壹　日　付款行名称：北京

收款人：　出票人账号：

人民币（大写）　参拾万圆整

亿	千	百	十	万	千	百	十	元	角	分
		¥	3	5	0	0	0	0	0	0

用途　组委会赞助优秀工作部活动基金　科目（借）

上列款项请从　对方科目（贷）

我账户内支付

出票人签章　红色健康行 财务专用章　复合　记账

本支票付款期限十天

图 14-8　找出图中错误

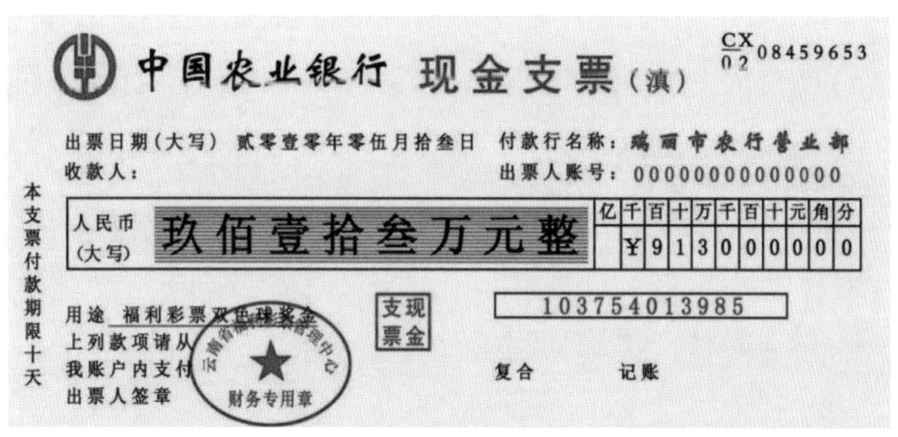

中国农业银行 现金支票(滇)　CX 02 08459653

出票日期(大写)　贰零壹零年零伍月拾叁日　付款行名称：瑞丽市农行营业部

收款人：　出票人账号：0000000000000

人民币（大写）　玖佰壹拾叁万元整

亿	千	百	十	万	千	百	十	元	角	分
	¥	9	1	3	0	0	0	0	0	0

用途　福利彩票双色球奖金　支票现金　103754013985

上列款项请从

我账户内支付　复合　记账

出票人签章　财务专用章

本支票付款期限十天

图 14-9　找出图中错误

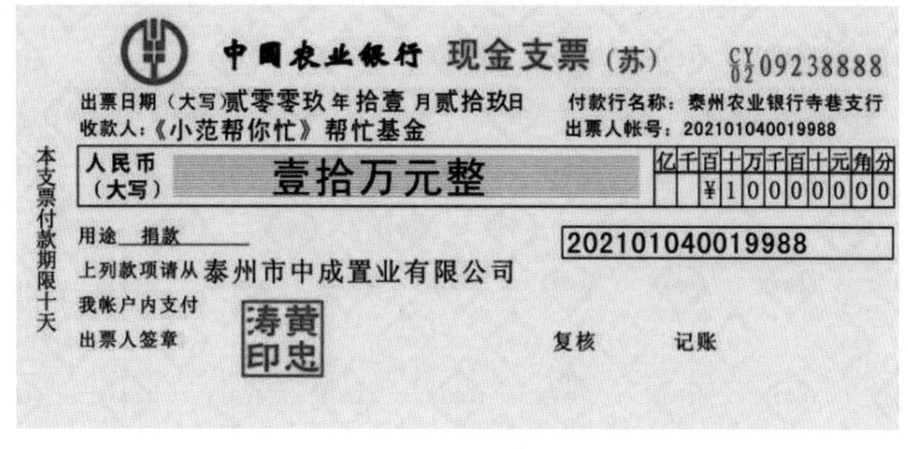

中国农业银行 现金支票(苏)　CY 02 09238888

出票日期（大写）贰零零玖年拾壹月贰拾玖日　付款行名称：泰州农业银行寺巷支行

收款人：《小范帮你忙》帮忙基金　出票人帐号：202101040019988

人民币（大写）　壹拾万元整

亿	千	百	十	万	千	百	十	元	角	分
		¥	1	0	0	0	0	0	0	0

用途　捐款　202101040019988

上列款项请从泰州市中成置业有限公司

我帐户内支付

出票人签章　黄涛印忠　复核　记账

本支票付款期限十天

图 14-10　找出图中错误

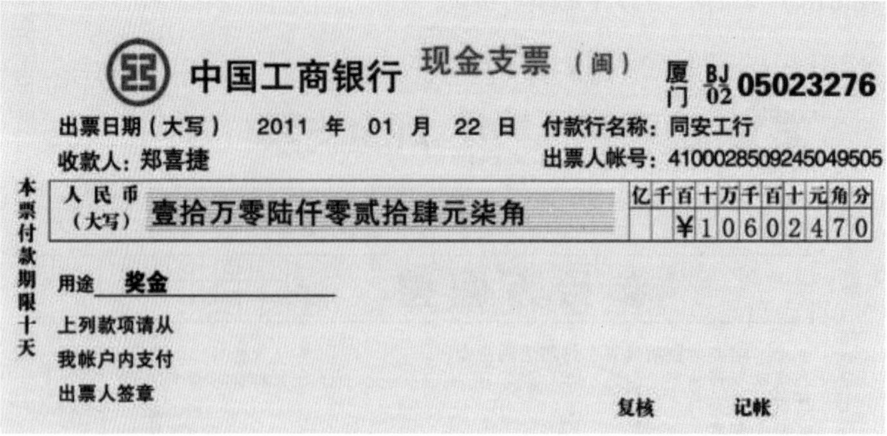

中国工商银行 现金支票（闽） 厦门 BJ 02 05023276

出票日期（大写） 2011 年 01 月 22 日 付款行名称：同安工行

收款人：郑喜捷 出票人帐号：41000285092450495O5

本票付款期限十天

人民币（大写）	亿	千	百	十	万	千	百	十	元	角	分
壹拾万零陆仟零贰拾肆元柒角			¥	1	0	6	0	2	4	7	0

用途 奖金

上列款项请从

我帐户内支付

出票人签章 复核 记帐

图 14-11 找出图中错误

班级		姓名		学号	

工作情境15　商业承兑汇票

【工作目标】

1.知识与技能目标：了解商业承兑汇票的记载事项，熟练掌握汇票贴现规则和利息的计算方法。

2.情感与态度目标：树立在商业承兑汇票结算过程中正确行使权利和履行义务的态度。

【工作背景】

为规范商业汇票承兑、贴现与再贴现业务，促进票据市场健康发展，2022年11月，人民银行、银保监会联合修订发布了《商业汇票承兑、贴现与再贴现管理办法》。该管理办法立足商业汇票业务近年来发展实际，坚持问题导向，按照市场化、法治化原则，从明确相关票据性质与分类、强调真实交易关系、强化信息披露及信用约束机制、加强风险控制等方面对商业汇票承兑、贴现与再贴现管理制度进行了修订完善。

【工作用具】

商业承兑汇票票样、合同等。

【工作内容】

一、商业承兑汇票概述

情境15-1 商业承兑汇票

(一)概念

商业承兑汇票是指由付款人或收款人签发、付款人作为承兑人承诺在汇票到期日对收款人或持票人无条件支付汇票金额的一种票据，其票样如图15-1所示。

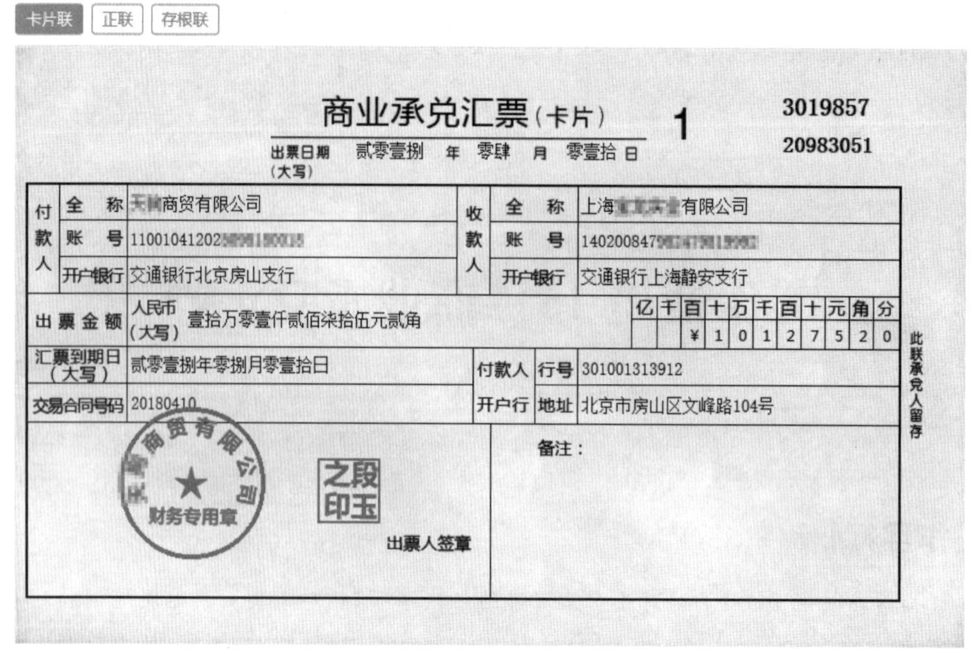

卡片联 正联 存根联

商业承兑汇票(卡片) 1

3019857
20983051

出票日期(大写) 贰零壹捌 年 零肆 月 零壹拾 日

付款人	全称	商贸有限公司	收款人	全称	上海有限公司
	账号	11001041202		账号	140200847
	开户银行	交通银行北京房山支行		开户银行	交通银行上海静安支行

出票金额	人民币(大写)	壹拾万零壹仟贰佰柒拾伍元贰角	亿	千	百	十	万	千	百	十	元	角	分
					¥	1	0	1	2	7	5	2	0

汇票到期日(大写)	贰零壹捌年零捌月零壹拾日	付款人开户行	行号	301001313912
交易合同号码	20180410		地址	北京市房山区文峰路104号

财务专用章 之段印玉

出票人签章

备注:

此联承兑人留存

图 15-1　商业承兑汇票示样

(二)特点与优势

1. 商业信用是商业承兑汇票流通的基础

商业承兑汇票由企业签发承兑,承兑人的商业信用直接决定了票据的流通性。作为支付结算工具,承兑人商业信用高的商业承兑汇票更容易被其他企业认可和接受,更容易背书流转。比如知名上市企业、大型集团企业、央企、国企承兑的商业承兑汇票,可在全国范围内流通。不能通过公开渠道评判承兑人信用状况的商业承兑汇票,只能在特定的上下游企业间背书流转。在银行体系办理贴现后的商业承兑汇票,在转贴市场的流通性与承兑人的商业信用也息息相关,一旦承兑人信用状况恶化,即使在银行体系被贴现增信过,也会产生瑕疵而难以流通。

2. 商业承兑汇票能有效缓解商业银行的信贷压力

企业采用商业承兑汇票取代现金支付,获得延期支付的信用,而收票企业可通过银行授信的商业承兑汇票贴现或商业承兑汇票保贴获取资金。银行承兑汇票从承兑之日起需按风险敞口全额计提风险资产和拨备,对资本充足率低的商业银行信贷经营形成较大压力。然而商业承兑汇票在背书流转期间,未进入银行系统办理贴现,不占用银行授信窗口,银行无须计提风险资金。发展商业承兑汇票业务,一方面能够有效促进企业直接融资融信,降低企业融资成本;另一方面能够减轻商业银行的信用风险与承兑压力,避免票据市场风险过度集中于银行体系,使票据业务朝多元化方向发展。

3.商业承兑汇票能有效推动社会信用体系的建立与完善

企业利用自身信用签发商业承兑汇票，支持上下游供应链资金结算，商业承兑汇票保贴可有效支持商业承兑汇票的流通性、贴现及转贴现议价能力，将企业的“无形”信用变为“有形”，把不能流通的挂账信用转变为具有流通性的票据信用，增强企业商业信用在市场的认可度，实现企业承兑票据的社会化支付。另外，贴现价格反映了企业商业信用的溢价情况，促使企业提高商业信用的重视程度，规范自身的票据行为。随着票据交易所的稳健运行，商业承兑汇票生命周期中包罗的企业行为将有详细记录，能够为企业信用进行精准画像，成为企业信用评级的重要依据，从而有效推动社会信用体系的建立与完善。

二、商业承兑汇票的签发和承兑

(一)签发

商业承兑汇票按照双方协定，可以由付款单位签发，也可以由收款人签发。必须记载的事项包括：①表明“商业承兑汇票”的字样；②无条件支付的委托；③确定的金额；④付款人名称；⑤收款人名称；⑥出票日期；⑦出票人签章。

商业承兑汇票一式三联，第一联为卡片联，由承兑人（付款单位）留存；第二联为商业承兑汇票，由收款人开户银行随结算凭证寄付款人开户银行作付出传票附件；第三联为存根联，由签发人存查。

商业承兑汇票由付款单位承兑，付款单位承兑时，无须填写承兑协议，也不通过银行办理，因而也就无须向银行支付手续费，只需在商业承兑汇票的第二联正面签署“承兑”字样并加盖预留银行的印鉴后，交给收款单位。由收款人签发的商业承兑汇票，应先交付款单位承兑，再交收款单位专类保管。

(二)承兑

1.企业向银行提交申请

在商业承兑汇票到期前或者想要提前承兑，企业可以向银行提出申请。

2.银行审批

承兑银行的信贷部门按照支付结算方法和有关规定进行审查。

3.银行审批通过后，与企业签订协议

与出票人签署银行承兑协议一式三联。其中第一联和第二联为正联，由出票人和承兑银行各执一联，第三联为副本，信贷部门将其中一联及副本连同银行承兑汇票第一、二联交给银行会计部门。

三、商业承兑汇票的保证

(一)商业承兑汇票的债务

商业承兑汇票的债务可以由保证人承担保证责任,保证人必须由票据债务人以外的其他人担当。保证人对合法取得商业承兑汇票的持票人所享有的票据权利,承担保证责任,但是,被保证人的债务因商业承兑汇票记载事项欠缺而无效的除外。被保证的商业承兑汇票,保证人应当与被保证人承担连带责任。商业承兑汇票到期后得不到付款的,持票人有权向保证人请求付款,保证人应当足额付款。

(二)保证人应记载事项

保证人应在商业承兑汇票或粘单上记载下列事项:①表明“保证”的字样;②保证人名称和住所;③被保证人的名称;④保证日期;⑤保证人签章。其中,第①、⑤项为保证行为的必须记载事项。

四、商业承兑汇票的付款

(一)付款行为

付款是支付票据金额的行为,并且只以票据上记载的金额为限,如果是给付实物或者其他有价证券,都不构成票据的付款。付款是消灭票据关系的行为,票据一经付款,票据关系得以消灭,票据上的一切债务人均解除其票据责任。

(二)付款期限

商业承兑汇票的付款期限最长不得超过 6 个月。定日付款的汇票,付款期限自出票日起计算,并在汇票上记载具体的到期日;出票后定期付款的汇票,付款期限自出票日起按月计算,并在汇票上记载;见票后定期付款的汇票,付款期限自承兑或拒绝承兑日起按月计算,并在汇票上记载。持票人依照《票据法》规定提示付款的,付款人应当在见票当日足额付款。

(三)不得拒绝付款的情形

票据债务人对下列情况不得拒绝付款:①与出票人之间有抗辩事由;②与持票人的前手之间有抗辩事由。

(四)通知银行的处理方法

付款人收到开户银行的付款通知,应在当日通知银行付款。付款人在接到通知日的次日起 3 日内(遇法定休假日顺延,下同)未通知银行付款的,视同付款人承诺付款,银行应于付款人接到通知日的次日起第四日(遇法定休假日顺延,下同)上午开始营业时,将票款划给持票人。

(五)银行的责任

持票人委托收款银行的责任,限于按照汇票上记载事项将汇票金额转入持票人账户。付款人委托付款银行的责任,限于按照汇票上记载事项从付款人账户支付汇票金额,回单见图 15-2。持票人获得付款的,应当在汇票上签收,并将汇票交给付款人。

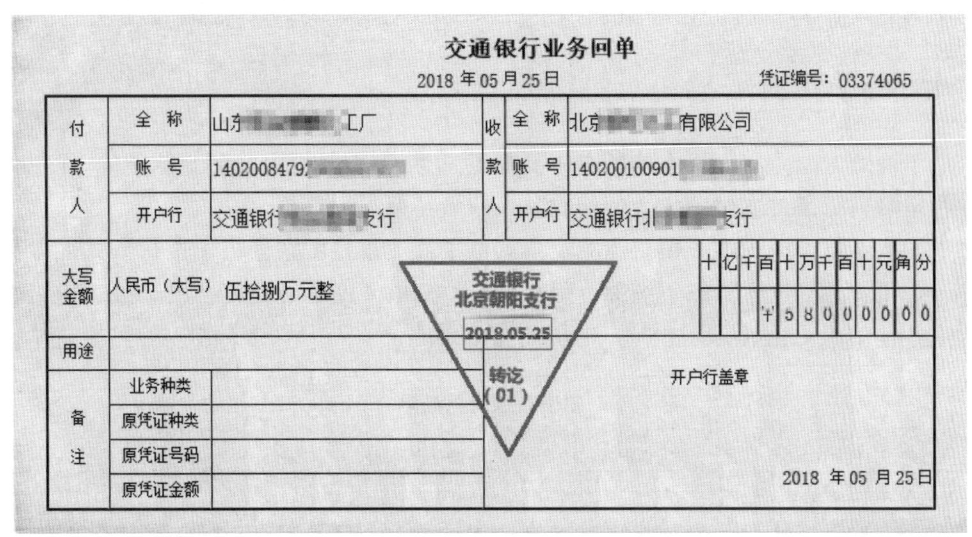

交通银行业务回单

2018 年 05 月 25 日　　　　凭证编号：03374065

付款人	全　称	山东[illegible]工厂	收款人	全　称	北京[illegible]有限公司
	账　号	14020084792[illegible]		账　号	140200100901[illegible]
	开户行	交通银行[illegible]支行		开户行	交通银行北[illegible]支行

大写金额	人民币（大写）伍拾捌万元整	十	亿	千	百	十	万	千	百	十	元	角	分
					¥	5	8	0	0	0	0	0	0

用途		
备注	业务种类	开户行盖章
	原凭证种类	
	原凭证号码	
	原凭证金额	2018 年 05 月 25 日

图 15-2　银行业务回单示样

五、商业承兑汇票的使用

商业承兑汇票可在出票时向付款人提示承兑后使用,也可以在出票后先使用再向付款人提示承兑。持票人应在提示付款期限内通过开户银行委托收款或直接向付款人提示付款。持票人如超过提示付款期限提示付款,持票人开户银行将不予受理;收款单位应计算从本单位至付款人开户银行的邮程,在汇票到期前,提前委托银行收款。委托银行收款时,应填写一式五联的“委托收款凭证”,其中“委托收款凭证名称”栏内应注明“商业承兑汇票”字样及汇票号码,在商业承兑汇票第二联背面加盖收款单位公章后,一并送交开户银行。开户银行审查后办理有关收款手续,并将盖章后的“委托收款凭证”第一联退回给收款单位保存。

六、商业承兑汇票的贴现

商业承兑汇票贴现是指持票人将未到期的商业承兑汇票转让给银行,银行在按贴现率扣除贴现利息后将余额票款付给持票人的一种授信业务。

商业承兑汇票持有人在资金暂时不足的情况下，可以凭承兑的商业汇票向银行办理贴现，以提前取得货款。

需要的申请资料包括：①客户贴现申请；②申请企业营业执照、企业代码证、税务登记证及法人代表身份证的复印件；③拟贴现的未到期的票据原件及复印件；④与票据相符的商品交易合同；⑤有关履行该票据项下商品交易合同的发票、货物发运单据、运输单、提单等凭证的复印件；⑥近两年及最近一期的各类财务报表；⑦银行认为必须担保的保证单位的保证承诺及营业执照、企业代码证、法人代表身份证的复印件；⑧有处分权人的抵（质）押承诺及抵（质）押物清单和所有权、产权证明；⑨银行认为需要的其他资料。

七、电子商业汇票

电子商业汇票是指出票人依托电子商业汇票系统，以数据电文形式制作的，委托付款人在指定日期无条件支付确定金额给收款人或者持票人的票据。

电子商业汇票分为电子银行承兑汇票和电子商业承兑汇票。电子银行承兑汇票由银行业金融机构、财务公司（以下统称金融机构）承兑；电子商业承兑汇票由金融机构以外的法人或其他组织承兑（见图 15-3）。电子商业汇票的付款人为承兑人。

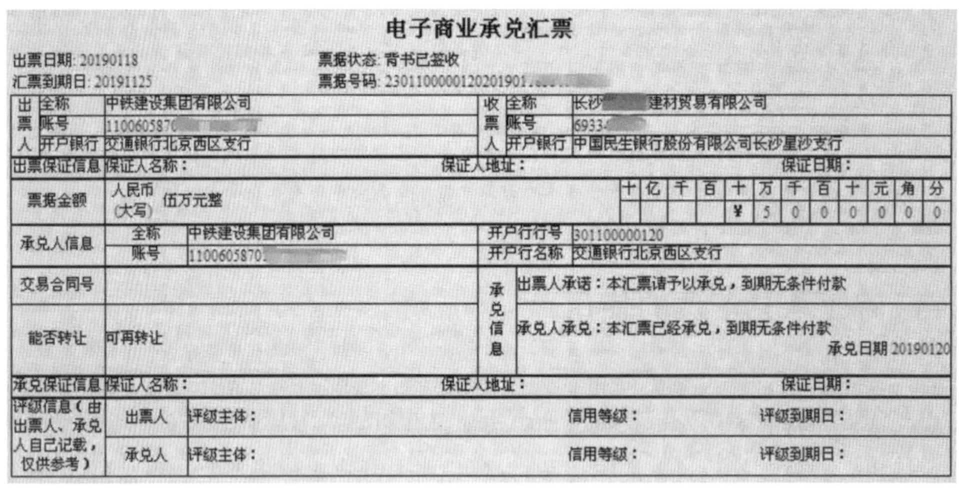

电子商业承兑汇票

出票日期：20190118　　票据状态：背书已签收

汇票到期日：20191125　　票据号码：2301100000120201901

<table>
<tr><td rowspan="3">出票人</td><td>全称</td><td>中铁建设集团有限公司</td><td rowspan="3">收票人</td><td>全称</td><td>长沙 建材贸易有限公司</td></tr>
<tr><td>账号</td><td>1100605870</td><td>账号</td><td>6933</td></tr>
<tr><td>开户银行</td><td>交通银行北京西区支行</td><td>开户银行</td><td>中国民生银行股份有限公司长沙星沙支行</td></tr>
<tr><td>出票保证信息</td><td colspan="5">保证人名称：　保证人地址：　保证日期：</td></tr>
<tr><td>票据金额</td><td colspan="2">人民币（大写）伍万元整</td><td colspan="3">十 亿 千 百 十 万 千 百 十 元 角 分
¥ 5 0 0 0 0 0 0</td></tr>
<tr><td rowspan="2">承兑人信息</td><td>全称</td><td>中铁建设集团有限公司</td><td colspan="2">开户行行号</td><td>301100000120</td></tr>
<tr><td>账号</td><td>1100605870</td><td colspan="2">开户行名称</td><td>交通银行北京西区支行</td></tr>
<tr><td>交易合同号</td><td colspan="2"></td><td rowspan="2">承兑信息</td><td colspan="2">出票人承诺：本汇票请予以承兑，到期无条件付款</td></tr>
<tr><td>能否转让</td><td colspan="2">可再转让</td><td colspan="2">承兑人承兑：本汇票已经承兑，到期无条件付款
承兑日期 20190120</td></tr>
<tr><td>承兑保证信息</td><td colspan="5">保证人名称：　保证人地址：　保证日期：</td></tr>
<tr><td rowspan="2">评级信息（由出票人、承兑人自己记载，仅供参考）</td><td>出票人</td><td colspan="4">评级主体：　信用等级：　评级到期日：</td></tr>
<tr><td>承兑人</td><td colspan="4">评级主体：　信用等级：　评级到期日：</td></tr>
</table>

图 15-3　电子商业承兑汇票

电子商业汇票系统是经中国人民银行批准建立，依托网络和计算机技术，接收、存储、发送电子商业汇票数据电文，提供与电子商业汇票货币给付、资金清算行为等相关服务的业务处理平台。

电子商业汇票的出票、承兑、背书、保证、提示付款和追索等业务，必须通过电子商业汇票系统办理。

电子商业汇票业务主体的类别分为：直接接入电子商业汇票系统的金融机构（简称接入机构）；通过接入机构办理电子商业汇票业务的金融机构（简称被代理机构）；金融机构

以外的法人及其他组织。

电子商业汇票系统对不同业务主体分配不同的类别代码。

票据当事人办理电子商业汇票业务应具备中华人民共和国组织机构代码。被代理机构、金融机构以外的法人及其他组织应通过接入机构办理电子商业汇票业务,并在接入机构开立账户。接入机构提供电子商业汇票业务服务,应对客户基本信息的真实性负审核责任,并依据《电子商业汇票业务管理办法》及相关规定,与客户签订电子商业汇票业务服务协议,明确双方的权利和义务。客户基本信息包括客户名称、账号、组织机构代码和业务主体类别等信息。

电子商业汇票系统运营者由中国人民银行指定和监管。接入机构应按规定向客户和电子商业汇票系统转发电子商业汇票信息,并保证内部系统存储的电子商业汇票信息与电子商业汇票系统存储的相关信息相符。电子商业汇票信息以电子商业汇票系统的记录为准。电子商业汇票以人民币为计价单位。

电子商业汇票为定日付款票据。电子商业汇票的付款期限自出票日起至到期日止,最长不得超过1年。

票据当事人在电子商业汇票上的签章,为该当事人可靠的电子签名。电子签名所需的认证服务应由合法的电子认证服务提供者提供。可靠的电子签名必须符合《中华人民共和国电子签名法》(以下简称《电子签名法》)第13条第一款的规定。在电子商业汇票业务活动中,票据当事人所使用的数据电文和电子签名应符合《电子签名法》的有关规定。

客户开展电子商业汇票活动时,其签章所依赖的电子签名制作数据和电子签名认证证书,应向接入机构指定的电子认证服务提供者的注册审批机构申请。接入机构为客户提供电子商业汇票业务服务或作为电子商业汇票当事人时,其签章所依赖的电子签名制作数据和电子签名认证证书,应向电子商业汇票系统运营者指定的电子认证服务提供者的注册审批机构申请。

接入机构、电子商业汇票系统运营者指定的电子认证服务机构提供者,应对电子签名认证证书申请者的身份真实性负审核责任。电子认证服务提供者依据《电子签名法》承担相应责任。接入机构应对通过其办理电子商业汇票业务客户的电子签名真实性负审核责任。电子商业汇票系统运营者应对接入机构的身份真实性和电子签名真实性负审核责任。

电子商业汇票系统应实时接收、处理电子商业汇票信息,并向相关票据当事人的接入机构实时发送;接入机构应实时接收、处理电子商业汇票信息,并向相关票据当事人实时发送。

出票人签发电子商业汇票,应将其交付收款人。电子商业汇票背书,背书人应将电子商业汇票交付被背书人。电子商业汇票质押解除,质权人应将电子商业汇票交付出质人。交付是指票据当事人将电子商业汇票发送给受让人,受让人签收的行为。收款人、被背书人可与接入机构签订协议,委托接入机构代为签收或驳回行为申请,并代理签章。

商业承兑汇票的承兑人应与接入机构签订协议,在《电子商业汇票业务管理办法》规定的情况下,由接入机构代为签收或驳回提示付款指令,并代理签章。

出票人或背书人在电子商业汇票上记载了"不得转让"事项的,电子商业汇票不得继续背书。票据当事人通过电子商业汇票系统作出行为申请，行为接收方未签收且未驳回的，票据当事人可撤销该行为申请。电子商业汇票系统为行为接收方的，票据当事人不得撤销。

电子商业汇票的出票日是指出票人记载在电子商业汇票上的出票日期。电子商业汇票的提示付款日是指提示付款申请的指令进入电子商业汇票系统的日期。电子商业汇票的拒绝付款日是指驳回提示付款申请的指令进入电子商业汇票系统的日期。电子商业汇票追索行为的发生日是指追索通知的指令进入电子商业汇票系统的日期。承兑、背书、保证、质押解除、付款和追索清偿等行为的发生日是指相应的签收指令进入电子商业汇票系统的日期。

电子商业汇票责任解除前，电子商业汇票的承兑人不得撤销原办理电子商业汇票业务的账户，接入机构不得为其办理销户手续。接入机构终止提供电子商业汇票业务服务的，应按规定由其他接入机构承接其电子商业汇票业务服务。

【工作实务】

1. 2021 年 7 月 1 日，杭州罗马文化有限公司采用商业承兑汇票结算方式从江苏海源旅游有限公司购入团建用品，价款为 100000 元。杭州罗马文化有限公司，纳税人编号：91440301591898915Y；地址：杭州市西湖区科技城 9 栋 1601 房；电话号码：0571-26845788；开户行及账号：中国建设银行杭州文三支行，755918800610808。江苏海源旅游有限公司，纳税人编号：91321311587791334N；地址：江苏省宿迁市洪泽湖东路 19 号华贸大厦；电话号码：0527-88265500；开户行及账号：中国工商银行宿迁市分行，1116020009300746628；法人：李凯。

请填写商业承兑汇票（见图 15-4）。

商业承兑汇票（卡 片）　1

出票日期（大写）　年　月　日　　出票号码

付款人	全称		收款人	全称	
付款人	账号		收款人	账号	
付款人	开户银行		收款人	开户银行	

出票金额	人民币（大写）	亿	千	百	十	万	千	百	十	元	角	分

汇票到期日（大写）		付款人开户行	行号	
交易合同号码		付款人开户行	地址	
出票人签章		备注：		

此联承兑人留存

图 15-4　填写商业承兑汇票

2.2021 年 7 月 23 日，江苏海源旅游有限公司向安徽碧橙文化有限公司购买一批办公用品，价款为 100000 元，江苏海源旅游有限公司将收到的杭州罗马文化有限公司的商业承兑汇票背书转让给安徽碧橙文化有限公司。江苏海源旅游有限公司法人：李凯。

请填写背书(见图 15-5)。

粘　单

被背书人	被背书人
背书人签章 年　月　日	背书人签章 年　月　日

图 15-5　填写粘单

3.2021 年 1 月 13 日，城博(宁波)置业有限公司向恒大地产集团上海盛建置业有限公司购买一批货物，价款为 1000000 元，已收到货款，本票据可以背书转让，承兑日期为 1 月 13 日。城博(宁波)置业有限公司，账号：574905101310201；开户银行：招商银行股份有限公司宁波明州支行。恒大地产集团上海盛建置业有限公司，账号：7311010182100016831；开户银行：中信银行股份有限公司上海分行营业部。

请填写商业承兑汇票(见图 15-6)。

商 业 承 兑 汇 票(卡　片)　　1

出票日期（大写）　　年　月　日　　出票号码

<table>
<tr><td rowspan="3">付款人</td><td>全　称</td><td></td><td rowspan="3">收款人</td><td>全　称</td><td colspan="11"></td><td rowspan="7">此联承兑人留存</td></tr>
<tr><td>账　号</td><td></td><td>账　号</td><td colspan="11"></td></tr>
<tr><td>开户银行</td><td></td><td>开户银行</td><td colspan="11"></td></tr>
<tr><td colspan="2" rowspan="2">出票金额</td><td colspan="3" rowspan="2">人民币
(大写)</td><td>亿</td><td>千</td><td>百</td><td>十</td><td>万</td><td>千</td><td>百</td><td>十</td><td>元</td><td>角</td><td>分</td></tr>
<tr><td></td><td></td><td></td><td></td><td></td><td></td><td></td><td></td><td></td><td></td><td></td></tr>
<tr><td colspan="2">汇票到期日
(大写)</td><td></td><td rowspan="2">付款人
开户行</td><td>行号</td><td colspan="11"></td></tr>
<tr><td colspan="2">交易合同号码</td><td></td><td>地址</td><td colspan="11"></td></tr>
<tr><td colspan="3">出票人签章</td><td colspan="14">备注：</td></tr>
</table>

图 15-6　填写商业承兑汇票

4.长江乐天游乐设备经销公司向黄河设备制造厂购买一批货物，采用商业承兑汇票的方式支付货款，价款为14000元。黄河设备制造厂，账号：3608010002321；地址：浙江省丽水市；开户行：中国建设银行丽水处州支行。长江乐天游乐设备经销公司，账号：67091139507001040；地址：浙江省杭州市；开户行：中国农业银行杭州滨江支行。

请填写商业承兑汇票(见图15-7)。

商业承兑汇票(卡片)　　1

出票日期(大写)　　年　月　日　　出票号码

付款人	全称		收款人	全称	
	账号			账号	
	开户银行			开户银行	
出票金额	人民币(大写)				亿 千 百 十 万 千 百 十 元 角 分
汇票到期日(大写)			付款人开户行	行号	
交易合同号码				地址	
出票人签章			备注：		

此联承兑人留存

图15-7　填写商业承兑汇票

5.2021年2月2日，北京港源姆文化传播有限公司向远大华宇(北京)建筑安装有限公司购买一批办公货物，价款为270000元，已收到货款，本票据可以背书再转让。

请填写背书(见图15-8)。

粘　单

被背书人	被背书人
背书人签章 年　月　日	背书人签章 年　月　日

图15-8　填写粘单

班级		姓名		学号	

工作情境 16　银行承兑汇票

【工作目标】

1. 知识与技能目标：了解银行承兑汇票的记载事项。

2. 情感与态度目标：通过结算案例传递结算法律法规，树立在银行承兑汇票结算过程中正确行使权利和履行义务的态度。

【工作背景】

银行承兑票据诞生在 14 世纪的意大利，银行家们发明了一种“四人汇票”，汇票上有四个签字人，分别代表不同的分工：进口商（买家）、进口商银行（进行承兑信用担保）、出口商（卖家）、出口商银行（承兑结算者）。因为这种汇票是银行承诺在未来到期时负责兑付的，所以被称为“银行承兑汇票”。

银行承兑汇票发明后，被广泛用于贸易结算和资金融通领域。它既让进口商实现没钱可进货（前提是进口商银行对进口商资信的掌握和信任），又让出口商持有汇票，银行还可以收取手续费。更重要的是，票据由银行承兑，可靠性高，所以在金融市场上可以广为流通，出口商可以把还没到期的银行承兑汇票拿去银行进行贴现；银行可以拿它向央行贴现，也可以向其他银行转贴现，还可以直接卖给证券交易商，再由其转卖给其他各类投资者。因此，它不仅推动了贸易和金融业的发展，也为后来投资银行的票据承销和经纪业务奠定了基础。

【工作用具】

1. 办理银行承兑汇票的申请书。

2. 商品购销合同（原件及复印件），注明以银行承兑汇票作为结算方式。

3. 申请日前一个月的财务报表。

4. 营业执照、法人代码证、贷款卡、法人身份证、税务登记证（以上均为复印件）。

5.公司章程、验资报告。

6.公章、财务章等。

【工作内容】

一、定义

银行承兑汇票(bank's acceptance bill)是由在承兑银行开立存款账户的存款人出票，向开户银行申请并经银行审查同意承兑的，保证在指定日期无条件支付确定的金额给收款人或持票人的票据，是商业汇票的一种。

银行承兑汇票一式三联。第一联为卡片，由承兑银行支付票款时作付出传票；第二联由收款人开户银行向承兑银行收取票款时作联行往来账付出传票；第三联为存根联，由签发单位编制有关凭证。由于有银行担保，所以银行对委托开具银行承兑汇票的企业有一定要求，一般情况下会要求企业存入票据金额等值的保证金至票据到期时解付，也有些企业向银行存入保证金，但必须银行向企业做银行承兑汇票授信并在授信额度范围内使用信用额度，如果没有银行授信是没有开具银行承兑汇票资格的。

二、特点

(1)信用好，承兑性强。银行承兑汇票经银行承兑到期无条件付款，这就把企业之间的商业信用转化为银行信用。对企业来说，收到银行承兑汇票，就如同收到了现金。

(2)流通性强，灵活性高。银行承兑汇票可以背书转让，也可以申请贴现，不会占压企业的资金。

(3)节约资金成本。对于实力较强、银行信得过的企业，只需缴纳规定的保证金，就能申请开立银行承兑汇票，用以进行正常的购销业务，待付款日期临近时再将资金交付给银行。

三、操作步骤

(一)签订交易合同

交易双方经过协商，签订商品交易合同，并在合同中注明采用银行承兑汇票进行结算。作为销货方，如果对方的商业信用不佳，或者对对方的信用状况不甚了解或信心不足，使用银行承兑汇票较为稳妥。付款方与开户银行签订商业承兑汇票协议。银行承兑汇票由银行承兑，有银行信用作为保证，因而能保证及时地收回货款。

(二)签发汇票

付款方按照双方签订的合同,签发银行承兑汇票。付款单位出纳员在填制银行承兑汇票时,应当逐项填写银行承兑汇票中的签发日期,收款人和承兑申请人(即付款单位)的单位全称、账号、开户银行,汇票金额大、小写,汇票到期日等内容,并在银行承兑汇票的第一联、第二联、第三联的“汇票签发人盖章”处加盖印鉴及负责人和经办人印章。

(三)汇票承兑

付款单位出纳员在填制完银行承兑汇票后,应将汇票的有关内容与交易合同进行核对,核对无误后填制“银行承兑协议”及银行承兑汇票清单,并在“承兑申请人”处盖单位公章。银行承兑协议一般为一式三联,银行信贷部门一联,银行会计部门一联,付款单位一联,其内容主要是汇票的基本内容、汇票经银行承兑后承兑申请人应遵守的基本条款等。待银行审核完毕之后,在银行承兑协议上加盖银行公章或合同章,在银行承兑汇票上加盖汇票专用章,并至少加盖一个经办人印章。

(四)手续费

银行承兑手续费是指金融机构在办理银行承兑汇票承兑业务过程中所产生的费用。银行承兑手续费包括银行承兑汇票承兑手续费、银行承兑汇票额度管理费和银行承兑汇票工本费。

1.银行承兑汇票承兑手续费

办理纸质银行承兑汇票,承兑银行一般按照银行承兑汇票出票金额的万分之五计收手续费,由承兑银行从付款单位存款户中扣收。如出票金额为 1000 万元,银行承兑汇票承兑手续费为 5000 元。如果每笔银行承兑汇票承兑手续费不足 10 元,则按 10 元计收。

目前并没有统一规定的电子银行承兑汇票承兑手续费,各个银行执行不同的标准。例如,招商银行电子银行承兑汇票承兑手续费为票面金额的 2‰;中国工商银行电子银行承兑汇票承兑手续费按票面金额的 0.05%收取(目前按 9 折收取),电子银行承兑汇票短信提醒服务费为 0.3 元/条。如果是企业自身原因,导致签发的银行承兑汇票作废,需要重新承兑签发的,则需要再一次支付银行承兑汇票承兑手续费。因此,企业在签发银行承兑汇票时应该仔细、认真。

2.银行承兑汇票额度管理费

银行承兑汇票额度管理费是指办理非全额保证金银行承兑汇票时,承兑银行针对敞口部分收取的额度管理费。银行承兑汇票额度管理费各家银行的收取标准因企业的等级不同而不同,一般收费标准为 0～2.5%。银行承兑汇票额度管理费的计算公式为:

$$\text{额度管理费}=\text{实际开票所占用额度}\times\frac{\text{额度管理费率}}{12}\times\text{开票的月数}$$

3. 银行承兑汇票工本费

按照规定，纸质银行承兑汇票每张收取 0.28 元工本费。

四、票据行为

（一）银行承兑汇票的出票

1. 出票人的资格条件（见表 16-1）

表 16-1 出票人的资格

票据类型	企业条件
纸质银行承兑汇票	1. 在（承兑）银行开立存款账户； 2. 与付款人（承兑银行）具有真实的委托关系； 3. 有支付汇票金额的可靠资金来源
电子银行承兑汇票	1. 签约开办对公业务的企业网银等电子服务渠道； 2. 与银行签订《电子商业汇票业务服务协议》

（1）电子银行承兑汇票的强制使用。相对强制：单张出票金额在 100 万元以上的商业承兑汇票，原则上应全部通过电子银行承兑汇票办理。绝对强制：单张出票金额在 300 万元以上的商业承兑汇票，应全部通过电子银行承兑汇票办理。

（2）出票人的确定。银行承兑汇票应由在承兑银行的存款人签发。

2. 出票的记载事项

纸质银行承兑汇票的记载事项：表明"银行承兑汇票"的字样；无条件支付的委托；确定的金额；付款人名称；收款人名称；出票日期；出票人签章。

电子银行承兑汇票的记载事项：表明"银行承兑汇票"的字样；无条件支付的委托；确定的金额；付款人名称；收款人名称；出票日期；出票人签章；出票人名称；票据到期日。

（1）汇票签发。欠缺记载上述规定事项之一的，银行承兑汇票无效。银行承兑汇票应由在承兑银行开立存款账户的存款人签发。"银行承兑汇票"字样是汇票文句，在实务中，它是印刷在汇票的正面上方的，出票人无须另行记载。

（2）票据到期日。无条件支付委托是支付文句。在实务中，它也是印刷在银行承兑汇票的正面的，通常以"本汇票于到期日付款""本汇票请予以承兑，于到期日付款"等类似文句来表示，出票人无须另行记载。

（3）确定的金额。汇票上记载的出票金额必须确定，并且只能以金钱为标的，记载的汇票金额必须按《支付结算办法》的相关规定来书写。大写金额必须与小写金额一致，两者不一致的，票据无效。出票金额不得更改，更改的汇票无效。

（4）付款人。付款人是银行承兑汇票的出票人在汇票上记载的委托其支付汇票金额的银行，付款人并非因出票人的支付委托即成为当然的票据债务人，而是必须经其承兑。

在汇票承兑之前的付款人为出票人，在承兑之后的承兑银行就是付款人，是银行承兑汇票的主债务人。

(5)收款人。收款人是汇票上记载的受领汇票金额的最初票据权利人。收款人名称不得更改，更改的银行承兑汇票无效。

(6)出票日期。出票日期必须按照《支付结算办法》的相关规定书写。出票日期不得更改，更改的银行承兑汇票无效。

(7)转让。出票人在汇票上注明“不得转让”字样的汇票丧失流通性，其后手不得再转让。银行承兑汇票出票人必须签章，签章必须清楚。出票人将签发好的银行承兑汇票交给收款人后，出票行为即告完成。提示承兑是指持票人向付款人出示汇票，并要求付款人承诺付款的行为。所谓提示，即持票人向付款人现实地出示汇票，以行使或保全其票据权利的行为。

(二)银行承兑汇票的承兑

(1)银行承兑汇票可以在出票时向付款人提示承兑后使用，也可以在出票后先使用再向付款人提示承兑。

(2)银行承兑汇票的承兑程序：①银行的信贷部门负责按有关规定和审批程序，对出票人的资格、资信、购销合同和汇票记载的内容进行认真审查，必要时可由出票人提供担保；②符合规定和承兑条件的，银行与出票人签订承兑协议；③承兑银行按照“市场调节价”向持票人收取承兑手续费，应按票面金额向出票人收取万分之五的手续费。

(三)银行承兑汇票的贴现

1. 贴现的概念

贴现是指持票人在汇票到期日前，将票据权利背书转让给金融机构，由其扣除一定利息后，将约定金额支付给持票人的票据行为。

2. 当事人及其分类

转让票据的当事人，称为贴出人；受让票据的当事人，称为贴入人。按交易方式不同，贴现分为买断式贴现、回购式贴现。

3. 贴现条件

汇票上未记载“不得转让”字样；持票人是在银行开立存款账户的企业法人；持票人与出票人或者直接前手之间具有真实的商品交易关系；票据未到期。注意：不要求提供“增值税发票和商品发运单据复印件”。

4. 电子银行承兑汇票贴现的必须记载事项

电子银行承兑汇票贴现的必须记载事项：贴出人名称、贴入人名称、贴现日期、贴现类型、贴现利率、实付金额、“贴出人”签章。电子银行承兑汇票回购式贴现赎回时应做成背书，并记载原贴出/入人名称、赎回日期、赎回利率、赎回金额、“原贴入人”签章。

5.票据信息登记与电子化前提下,纸质票据贴现的特殊规定

(1)贴现人办理纸质票据贴现时,应当通过票据市场基础设施查询票据承兑信息,并在确认纸质票据必须记载事项与已登记承兑信息一致后,为贴现申请人办理贴现。注意:信息不存在或纸质票据必须记载事项与已登记承兑信息不一致的,不得办理贴现。

(2)贴现申请人无须提供发票、合同等资料。

(3)贴现人办理纸质票据贴现后,应当在票据上记载“已电子登记权属”等字样。该票据应当通过票据市场基础设施办理背书转让、质押、保证、提示付款等票据业务,不再以纸质形式进行。

(4)贴现人应当对纸质票据进行妥善保管。

(5)贴现人可以按照市场化原则选择商业银行对纸质票据进行保证增信。

(6)保证增信行对纸质票据进行保管,并为贴现人的偿付责任进行先行赔付。

6.贴现票据的付款确认

纸质银行承兑汇票:保管人可以向承兑人发起付款确认。银行承兑汇票由承兑人代为保管。其付款确认方式分为两种:实物确认和影像确认。实物确认是指票据保管人将票据实物送达承兑人或承兑人开户银行;影像确认是指票据保管人将票据影像信息发送至承兑人或承兑人开户银行。然后,承兑人在收到票据实物或票据影像确认请求后,应当在3个工作日内作出(或委托其开户银行作出)同意或者拒绝到期付款的应答,拒绝付款的应当说明。

电子银行承兑汇票:电子银行承兑汇票一经承兑,即视同承兑人已经付款确认。

7.贴现利息与贴现收款

贴现利息的计算公式为:

贴现利息=票面金额×日贴现率×贴现期

其中,日贴现率=年贴现率/360;贴现期是指自贴现日起至票据到期日止。实付贴现期为贴现日至汇票到期日前1日;承兑人在异地的,贴现期应“另加3天”的划款日期。

贴现收款是指贴现到期,贴现银行应向付款人收取票款;贴现银行不获付款的,应向其前手追索票款;贴现银行追索票款时可从申请人的存款账户“直接”收取票款。电子银行承兑汇票当事人在办理回购式贴现业务时,应明确赎回开放日、赎回截止日。

(四)银行承兑汇票的到期偿付

票据的偿付顺序如表16-2所示。

表16-2 票据到期后的偿付顺序

适用情形		偿付顺序
票据未经付款确认和保证增信即交易	交易后仍未经付款确认	贴现人偿付
	交易后经付款确认	承兑人付款→贴现人偿付
票据经付款确认但未保证增信即交易		承兑人付款→贴现人偿付

续表

适用情形	偿付顺序
票据经保证增信但未经付款确认即交易	保证增信人→贴现人偿付
票据经保证增信且经承兑人付款确认	承兑人付款→保证增信人→贴现人偿付

(五)银行承兑汇票的背书

1.流程

在银行承兑汇票背面第一个“背书人签章”栏内,由票据正面收款人签章,并填写被背书人单位正确全称,进行背书转让。后手背书转让,依次签章进行。

我国银行承兑汇票在背书上都印有格式,如果背书格式不能满足背书人的记载需要,可以加附粘单,粘附于票据凭证上,粘单处需加盖骑缝章。

2.背书记载事项

背书由背书人签章并记载背书日期。背书未记载日期的,视为在汇票到期日前背书。在现实操作中,背书一般不记载日期。《票据法》第30条规定:“汇票以背书转让或者以背书将一定的汇票权利授予他人行使时,必须记载被背书人名称。”背书人未记载被背书人名称即将票据交付他人的,持票人在票据被背书人栏内记载自己的名称与背书人记载具有同等法律效力。委托收款背书应记载“委托收款”字样、被背书人和背书人签章。质押背书应记载“质押”字样、质权人和出质人签章。

票据出票人在票据正面记载“不得转让”字样的,票据不得转让(丧失流通性)。其直接后手再背书转让的,出票人对其直接后手的被背书人不承担保证责任,对被背书人提示付款或委托收款的票据,银行不予以受理。票据背书人在票据背书人栏记载“不得转让”字样的,其后手再背书转让的,记载“不得转让”字样的背书人对其后手的被背书人不承担保证责任。银行本票仅限于在其票据交换区域内背书转让。

3.银行承兑汇票背书的注意事项

背书不得附有条件,银行承兑汇票背书附有条件的,称为条件背书,所附条件不具有汇票上的效力,该背书行为依然有效;将银行承兑汇票部分金额背书转让的,称为部分背书,该背书无效;将银行承兑汇票分别背书给两人或两人以上的,称为多头背书,该背书无效。

汇票被拒绝付款或超过提示付款期限的,不得再背书转让,如依旧背书转让的,背书人应当承担票据责任。

如果背书记载在票据的正面,背书无效。因为背书记载在票据正面,将无法确定背书人的签章究竟是背书行为、承兑行为,还是保证行为,因而也就不能确认该签章的效力。

(六)银行承兑汇票的保证

1.保证责任

银行承兑汇票的债务可以由保证人承担保证责任。保证人必须由票据债务人以外的其他人担当。保证人对合法取得银行承兑汇票的持票人所享有的银行承兑汇票权利，承担保证责任，但是被保证人的债务因银行承兑汇票记载事项欠缺而无效的除外。被保证的银行承兑汇票，保证人应当与被保证人对持票人承担连带责任。银行承兑汇票到期后得不到付款的，持票人有权向保证人请求付款，保证人应当足额付款。

保证人应当在银行承兑汇票或者粘单上记载下列事项：①表明“保证”的字样；②保证人名称和住所；③被保证人的名称；④保证日期；⑤保证人签章。

其中，第①、⑤项为保证行为的必须记载事项。保证人在银行承兑汇票或者粘单上未记载上列第②项的，以保证人的营业场所、住所或者经常居住地为保证人住所。保证人在银行承兑汇票或者粘单上未记载上列第③项的，以出票人或承兑人为被保证人。保证人在银行承兑汇票或者粘单上未记载上列第④项的，出票日期为保证日期。

2. 保证条件

银行承兑汇票的保证不得附有条件；附有条件的，所附条件不影响对银行承兑汇票的保证责任。银行承兑汇票的保证人为两人或两人以上的，保证人之间承担连带责任。保证人清偿银行承兑汇票债务后，可以行使持票人对被保证人及其前手的追索权。

【工作场景】

1. 2021 年 1 月 20 日，跃生帐篷制造厂向山清旅游公司销售户外帐篷，应收货款共计 146900 元，增值税率 13%，经双方协商约定采用银行承兑汇票方式结算。会计：王华；主管：徐波；复核：李濛；记账：吴琪。

跃生帐篷制造厂，开户银行：中国建设银行昆明市城西支行；账号：6217003860002795290。山清旅游公司，开户银行：中国农业银行昆明市西苑分理处；账号：9559980868435875810。请根据以上信息，填写银行承兑汇票（见图 16-1）。

银行承兑汇票　　2

出票日期（大写）　　年　月　日　　　　汇票号码

<table>
<tr><td>出票人全称</td><td></td><td rowspan="3">收款人</td><td>全　称</td><td colspan="11"></td></tr>
<tr><td>出票人账号</td><td></td><td>账　号</td><td colspan="11"></td></tr>
<tr><td>付款行全称</td><td></td><td>开户银行</td><td colspan="11"></td></tr>
<tr><td rowspan="2">出 票 金 额</td><td colspan="3" rowspan="2">人民币
（大写）</td><td>亿</td><td>千</td><td>百</td><td>十</td><td>万</td><td>千</td><td>百</td><td>十</td><td>元</td><td>角</td><td>分</td></tr>
<tr><td></td><td></td><td></td><td></td><td></td><td></td><td></td><td></td><td></td><td></td><td></td></tr>
<tr><td>汇票到期日
（大写）</td><td></td><td rowspan="2">付款行</td><td>行号</td><td colspan="11"></td></tr>
<tr><td>承兑协议编号</td><td></td><td>地址</td><td colspan="11"></td></tr>
<tr><td colspan="2" rowspan="2">本汇票请你行承兑，到期无条件付款。

出票人签章</td><td colspan="3">本汇票已经承兑，到期日由本行付款。
承兑行签章
承兑日期　　年　月　日</td><td colspan="10"></td></tr>
<tr><td colspan="3">备注：</td><td colspan="10">复核　　　　记账</td></tr>
</table>

图 16-1　填写银行承兑汇票

2.2021 年 2 月 2 日，卓途精品酒店收到汇丰家具有限公司出售的一批酒店家具，开具的增值税专用发票上注明价款 500000 元，增值税 65000 元，卓途精品酒店开出一张为期 3 个月的银行承兑汇票抵付货款。会计：王华；主管：徐波；复核：李濛；记账：吴琪。卓途精品酒店，开户银行：天津银行股份有限公司大理道支行；账号：313110045180。汇丰家具有限公司，开户银行：华夏银行股份有限公司肇庆分行；账号：304593019989。请根据以上信息，填写银行承兑汇票（见图 16-2）。

银行承兑汇票　　2

出票日期（大写）　　年　月　日　　　　汇票号码

<table>
<tr><td>出票人全称</td><td></td><td rowspan="3">收款人</td><td>全　称</td><td colspan="11"></td></tr>
<tr><td>出票人账号</td><td></td><td>账　号</td><td colspan="11"></td></tr>
<tr><td>付款行全称</td><td></td><td>开户银行</td><td colspan="11"></td></tr>
<tr><td rowspan="2">出 票 金 额</td><td colspan="3" rowspan="2">人民币
（大写）</td><td>亿</td><td>千</td><td>百</td><td>十</td><td>万</td><td>千</td><td>百</td><td>十</td><td>元</td><td>角</td><td>分</td></tr>
<tr><td></td><td></td><td></td><td></td><td></td><td></td><td></td><td></td><td></td><td></td><td></td></tr>
<tr><td>汇票到期日
（大写）</td><td></td><td rowspan="2">付款行</td><td>行号</td><td colspan="11"></td></tr>
<tr><td>承兑协议编号</td><td></td><td>地址</td><td colspan="11"></td></tr>
<tr><td colspan="2" rowspan="2">本汇票请你行承兑，到期无条件付款。

出票人签章</td><td colspan="6">本汇票已经承兑，到期日由本行付款。

承兑行签章
承兑日期　　年　月　日</td><td colspan="7" rowspan="2">

复核　　　　记账</td></tr>
<tr><td colspan="6">备注：</td></tr>
</table>

图 16-2　填写银行承兑汇票

3.2021 年 5 月 11 日，爱玛旅行社办理平安银行的承兑汇票 500 万元，以承兑支付前欠平安汽车租赁公司游客包车运费货款 200 万元，5 月 5 日该汽车租赁公司在承兑汇票到期之前，为提前获得现金向银行办理贴现 100 万元，到期支付。会计：王华；主管：徐波；复核：李濛；记账：吴琪。爱玛旅行社，开户银行：上海银行股份有限公司外高桥支行；账号：325290002042。平安汽车租赁公司，开户银行：平安银行股份有限公司合肥黄山路支行；账号：307361026629。请根据以上信息，填写银行承兑汇票（见图 16-3）。

银行承兑汇票　　2

出票日期（大写）　　年　月　日　　　　汇票号码

<table>
<tr><td>出票人全称</td><td></td><td rowspan="3">收款人</td><td>全　称</td><td colspan="11"></td></tr>
<tr><td>出票人账号</td><td></td><td>账　号</td><td colspan="11"></td></tr>
<tr><td>付款行全称</td><td></td><td>开户银行</td><td colspan="11"></td></tr>
<tr><td rowspan="2">出 票 金 额</td><td colspan="3" rowspan="2">人民币
（大写）</td><td>亿</td><td>千</td><td>百</td><td>十</td><td>万</td><td>千</td><td>百</td><td>十</td><td>元</td><td>角</td><td>分</td></tr>
<tr><td></td><td></td><td></td><td></td><td></td><td></td><td></td><td></td><td></td><td></td><td></td></tr>
<tr><td>汇票到期日
（大写）</td><td></td><td rowspan="2">付款行</td><td>行号</td><td colspan="11"></td></tr>
<tr><td>承兑协议编号</td><td></td><td>地址</td><td colspan="11"></td></tr>
<tr><td colspan="2" rowspan="2">本汇票请你行承兑，到期无条件付款。

出票人签章</td><td colspan="6">本汇票已经承兑，到期日由本行付款。

承兑行签章
承兑日期　　年　月　日</td><td colspan="7" rowspan="2">

复核　　　　记账</td></tr>
<tr><td colspan="6">备注：</td></tr>
</table>

图 16-3　填写银行承兑汇票

4.2021 年 9 月 15 日，浙江义乌华丰包装材料有限公司向浙江金马纸业有限责任公司购入一批货物，款项用银行承兑汇票方式支付，价税款共计 565000 元。会计：王华；主管：徐波；复核：李濛；记账：吴琪。浙江义乌华丰包装材料有限公司，开户银行：中国工商银行义乌支行；账号：1209090545700061497。浙江金马纸业有限责任公司，开户银行：中国工商银行富阳支行；账号：1202024609900064386。请根据以上信息，填写银行承兑汇票(见图 16-4)。

银行承兑汇票　　2

出票日期（大写）　　年　月　日　　汇票号码

<table>
<tr><td>出票人全称</td><td colspan="2"></td><td rowspan="3">收款人</td><td>全　称</td><td colspan="11"></td></tr>
<tr><td>出票人账号</td><td colspan="2"></td><td>账　号</td><td colspan="11"></td></tr>
<tr><td>付款行全称</td><td colspan="2"></td><td>开户银行</td><td colspan="11"></td></tr>
<tr><td rowspan="2">出 票 金 额</td><td colspan="4" rowspan="2">人民币
(大写)</td><td>亿</td><td>千</td><td>百</td><td>十</td><td>万</td><td>千</td><td>百</td><td>十</td><td>元</td><td>角</td><td>分</td></tr>
<tr><td></td><td></td><td></td><td></td><td></td><td></td><td></td><td></td><td></td><td></td><td></td></tr>
<tr><td>汇票到期日
(大写)</td><td colspan="2"></td><td rowspan="2">付款行</td><td>行号</td><td colspan="11"></td></tr>
<tr><td>承兑协议编号</td><td colspan="2"></td><td>地址</td><td colspan="11"></td></tr>
<tr><td colspan="2" rowspan="2">本汇票请你行承兑，到期无条件付款。

出票人签章</td><td colspan="4">本汇票已经承兑，到期日由本行付款。
承兑行签章
承兑日期　　年　月　日</td><td colspan="10" rowspan="2">复核　　记账</td></tr>
<tr><td colspan="4">备注：</td></tr>
</table>

图 16-4　填写银行承兑汇票

5.2021 年 10 月 21 日，趣游有限公司从深圳科技有限责任公司购入一项线上购票技术，以银行承兑汇票方式支付安装费 23400 元。会计：王华；主管：徐波；复核：李濛；记账：吴琪。趣游有限公司，开户银行：中国建设银行牡丹江镜泊湖支行；账号：1240423658000894132。深圳科技有限责任公司，开户银行：中国工商银行深圳市支行；账号：120840786500016689。请根据以上信息，填写银行承兑汇票(见图 16-5)。

银行承兑汇票　　2

出票日期（大写）　　年　月　日　　汇票号码

<table>
<tr><td>出票人全称</td><td colspan="2"></td><td rowspan="3">收款人</td><td>全　称</td><td colspan="11"></td></tr>
<tr><td>出票人账号</td><td colspan="2"></td><td>账　号</td><td colspan="11"></td></tr>
<tr><td>付款行全称</td><td colspan="2"></td><td>开户银行</td><td colspan="11"></td></tr>
<tr><td rowspan="2">出 票 金 额</td><td colspan="4" rowspan="2">人民币
(大写)</td><td>亿</td><td>千</td><td>百</td><td>十</td><td>万</td><td>千</td><td>百</td><td>十</td><td>元</td><td>角</td><td>分</td></tr>
<tr><td></td><td></td><td></td><td></td><td></td><td></td><td></td><td></td><td></td><td></td><td></td></tr>
<tr><td>汇票到期日
(大写)</td><td colspan="2"></td><td rowspan="2">付款行</td><td>行号</td><td colspan="11"></td></tr>
<tr><td>承兑协议编号</td><td colspan="2"></td><td>地址</td><td colspan="11"></td></tr>
<tr><td colspan="2" rowspan="2">本汇票请你行承兑，到期无条件付款。

出票人签章</td><td colspan="4">本汇票已经承兑，到期日由本行付款。
承兑行签章
承兑日期　　年　月　日</td><td colspan="10" rowspan="2">复核　　记账</td></tr>
<tr><td colspan="4">备注：</td></tr>
</table>

图 16-5　填写银行承兑汇票

6.2013 年 9 月 10 日，朱某伙同李某预谋用变造银行承兑汇票后质押借款的方式进行诈骗。朱某将三张小面额的银行承兑汇票交给李某，李某在广州将这三张小面额的银行承兑汇票变造成一张金额为 450 万元的银行承兑汇票。随后李某指使陈某从广州将变造的汇票交给朱某。2013 年 9 月 22 日，朱某将汇票交给何某，何某在明知该汇票是变造的情况下，通过银行的熟人赵某到银行办理贴现业务，骗得赃款 4321520 元。

- **工作建议**

7.2014 年 11 月 16 日，徐某、陈某、周某与朱某交易银行承兑汇票。朱某以 3.25‰和 3.2‰的利息，购买徐某公司持有的两张银行承兑汇票，一张是 10 月份签发的银行承兑汇票，面额为 100 万元；另一张是 11 月份签发的银行承兑汇票，面额为 200 万元。

交易当天，双方签署协议时，朱某趁徐某不注意，偷偷在协议书上的利息数字后面加上了“%”。朱某计划着，如果被徐某等人发觉，他就以粗心大意为由，在“%”后面再加一个“0”，形成“‰”。当徐某得知汇款进账时大吃一惊——242.1 万元，比起双方商量好的 294.1 万元，少了 52 万元。

分析要点：在实际操作中，不法分子往往利用空壳公司以低息贴现为诱饵骗取企业的银行承兑汇票，在贴现后只支付一部分贴现款以稳住被害企业，或者直接卷款潜逃，给企业造成巨大的经济损失。在此提醒大家：低息贴现的广告不要轻信；在进行承兑汇票贴现交易时，谨慎阅读条款内容后再签署协议，并妥善保护好自己的那份合同，不给不法分子留下可乘之机。

- **工作建议**

班级		姓名		学号	

工作情境 17　第三方支付

【工作目标】

1. 知识与技能目标：熟练掌握通过第三方支付平台进行收付款的操作。

2. 情感与态度目标：树立有效鉴别第三方支付平台风险的工作态度。

【工作背景】

第三方支付最早源于美国的独立销售组织制度，指收单机构和交易处理商委托该组织进行中小商户的发展、服务和管理工作的一种机制。PayPal 是世界上第一家第三方支付公司，也是世界上使用范围最广的第三方支付公司。PayPal 服务于 200 多个国家和地区，全球活跃用户接近 2 亿，通用货币涵盖加元、欧元、英镑、美元、日元、澳元等 20 多种。1998 年，在美国斯坦福，一位名叫马克斯·列夫琴（Max Levchin）的程序员因一场题为“市场全球化和政治自由之间的联系”的演讲而大受触动，演讲结束后，列夫琴主动找到演讲者彼得·蒂尔（Peter Thiel）进行交流。蒂尔与列夫琴研讨了当前支付领域的种种痛点，尝试用一种新的技术（数字钱包）来代替现金，实现个人对个人的支付。一家名为康菲尼迪（Confinity）的支付公司就这样在两位年轻人的思想碰撞后诞生，其产品的设计初衷是提供一种方便客户和商家进行网上金钱交易的工具。

2000 年，埃隆·马斯克（Elon Musk）为在网上快捷转账业务方面取得的竞争优势，将 X. com 公司与康菲尼迪公司合并，这家新公司于次年 2 月更名为 PayPal。2002 年 10 月，全球最大的拍卖网站 eBay 以 15 亿美元收购 PayPal，PayPal 便成了 eBay 的主要付款途径之一。2005 年，PayPal 的中国大陆网站开通，其中文名称是“贝宝”。

早在 1999 年成立的北京首信和上海环迅是我国最早一批从事第三方支付业务的企业，由于当时国内电子商务发展较慢，其影响力一直不大。直到 2004 年阿里巴巴公司推出支付宝，在淘宝购物平台的强大影响下，其业务取得了突飞猛进的发展，第三方支付的交易规模也呈现飞速增长趋势。支付宝仅用 4 年时间便以超过 2 亿用户的绝对优势胜过美国的 PayPal，成为全球最大的第三方支付平台。

【工作用具】

支付宝、财付通、快钱、银联、易宝支付、首信易、环迅支付、ChinaPay、云网、PayPal、收钱吧等。

【工作内容】

一、第三方支付

2021 年 3 月，中国人民银行官网公布《2020 年支付体系运行总体情况》，数据显示，我国电子支付业务保持增长态势，移动支付业务快速增长。2020 年，全国电子支付业务金额 1404.65 万亿元，同比增长 30.65%。

数据显示，2020 年，全国共发生电子支付业务 333.33 亿笔，金额 1404.65 万亿元，同比分别增长 29.28%和 30.65%。其中，网上支付业务 285.74 亿笔，金额 1376.02 万亿元，同比分别增长 20.70%和 29.72%（详见《前瞻中国第三方支付产业市场前瞻与投资战略规划分析报告》）；电话支付业务 2.34 亿笔，金额 6.04 万亿元，笔数同比下降 46.11%，金额同比增长 27.41%；移动支付业务 45.24 亿笔，金额 22.59 万亿元，同比分别增长 170.25%和 134.30%。

在银行卡业务方面，发卡量和交易量均保持增长。截至 2020 年末，全国累计发行银行卡 49.36 亿张，较上年末增长 17.13%。2020 年，全国共发生银行卡交易 595.73 亿笔，金额 449.90 万亿元，同比分别增长 25.16%和 6.27%。

另外，从支付系统资金往来情况看，全国共 18 个省（区、市）的辖内资金流动量占本省（区、市）资金流动总量的比例超过 50%。2020 年，处理资金总量居前三位的地区为北京、上海、广东，其资金流动总量分别占全国资金流动总量的 28.75%、14.35%和 12.57%。

（一）概念

1. 狭义概念

从狭义上来看，第三方支付是指具备一定实力和信誉保障的非银行机构，借助通信、计算机和信息安全技术，采用与各大银行签约的方式，在用户与银行支付结算系统间建立连接的电子支付模式。在手机端进行的互联网支付，又称为移动支付。通过这个平台实现资金在不同支付机构账户或银行账户间的划拨和转移。第三方支付的特点是独立于商户和银行，为客户提供支付结算服务，具有方便快捷、安全可靠、开放创新的优势。

2. 广义概念

从广义上来看，第三方支付在中国人民银行公布的《非金融机构支付服务管理办法》中是指非金融机构作为收、付款人的支付中介所提供的网络支付、预付卡发行与受理、银行卡收单以及中国人民银行确定的其他支付服务。这一定义让第三方支付不仅仅局限于互联网支付，而是成为一个集线上、线下于一体，提供移动支付、电话支付、预付卡支付等的综合性支付服务工具。

(二)种类

1. 线上支付方式

线上支付是指通过互联网实现的用户和商户、商户和商户之间的在线货币支付、资金清算、查询统计等过程。线上支付完成了使用者信息传递和资金转移的过程。广义的线上支付，包括直接使用网上银行进行的支付和通过第三方支付平台进行的支付。狭义的线上支付，仅指通过第三方支付平台实现的互联网在线支付，包括网上支付和移动支付中的远程支付。

2. 线下支付方式

线下支付区别于网上银行等线上支付，是指通过非互联网线上的方式对购买商品或服务所产生的费用进行的资金支付行为。其中，订单的产生可能通过互联网线上完成。新兴线下支付的具体形式包括 POS 机刷卡支付、拉卡拉等自助终端支付、电话支付、手机近端支付、电视支付等。

(三)模式

从发展路径与用户积累途径来看，目前市场上第三方支付平台的运营模式可以归为以下两大类。

一类是独立的第三方支付模式。该模式是指第三方支付平台完全独立于电子商务网站，不负有担保功能，仅为用户提供支付产品和支付系统解决方案，以快钱、易宝支付、汇付天下、拉卡拉等为典型代表。以易宝支付为例，其最初凭借网关模式立足，针对行业做垂直支付，而后以传统行业的信息化转型为契机，凭借自身对具体行业的深刻理解，量身定制全程电子支付解决方案。

另一类是提供担保功能的第三方支付模式。该模式依托于自有 B2C、C2C 电子商务网站，提供担保功能，以支付宝、财付通等为典型代表。货款暂由第三方支付平台托管，并由平台通知卖方货款到达、进行发货；在此类支付模式中，买方在电商网站选购商品后，使用第三方支付平台提供的账户进行货款支付，待买方检验物品并进行确认后，就可以通知平台付款给卖家，这时第三方支付平台再将款项转至卖方账户。第三方支付平台的收入来源主要有交易手续费、行业用户资金信贷利息、服务费收入和沉淀资金利息等。

比较而言，独立的第三方支付平台立身于 B 端(企业端)，提供担保功能的第三方支付平台则立身于 C 端(消费者端)，前者通过服务于企业客户间接地覆盖客户的用户群，后者则凭借用户资源的优势渗入行业。

(四)国内常见第三方支付品牌

1.支付宝(Alipay)

支付宝所属公司为支付宝(中国)网络技术有限公司,成立于2004年,发源地杭州。它是国内领先的第三方支付平台,致力于提供“简单、安全、快速”的支付解决方案。支付宝以“信任”作为产品和服务的核心,融合了支付、生活服务、政务服务、理财、保险、公益等多个场景与行业,与超过200家金融机构达成合作,为上千万小微商户提供支付服务。

2.微信支付

微信支付是腾讯集团旗下的第三方支付平台,成立于2013年,发源地深圳,用户可以使用微信支付来看病、购物、吃饭、旅游、交水电费等。

3.银联在线

银联在线所属公司为上海银联电子支付服务有限公司,成立于1999年,发源地杭州。它是中国银联打造的互联网业务综合商务平台,是第三方支付的领先者。

4.云闪付

云闪付所属公司为中国银联股份有限公司,成立于2002年,发源地杭州。它是中国银联联合商业银行、支付机构共同开发建设运营的移动支付APP,是一款银行业统一使用的移动支付APP。

5.壹钱包

壹钱包所属公司为中国平安保险(集团)股份有限公司(以下简称平安集团),成立于2006年,发源地深圳。它是平安集团旗下平安付推出的移动支付客户端,提供互联网支付、移动支付等多元化的第三方支付服务。

6.拉卡拉

拉卡拉所属公司为拉卡拉支付股份有限公司,成立于2005年,发源地北京。它是第三方移动支付领域的知名企业,较早开发出电子账单服务平台,提供个人支付、商户收单及相关衍生服务。

7.快钱

快钱所属公司为快钱支付清算信息有限公司,成立于2004年,发源地上海,隶属万达集团旗下。它是提供定制化支付解决方案、金融云增值业务等多元化金融服务的新型金融科技平台。

8.京东支付

京东支付所属公司为北京京东叁佰陆拾度电子商务有限公司,成立于2014年,发源地北京,由京东金融旗下网银在线开发。它是针对移动互联网市场推出的兼容PC端、无线端、POS机、码支付、闪付等主流环境的跨平台、安全便捷的支付产品。

二、我国第三方支付的发展阶段

(一)萌芽阶段(2000—2003 年)

该阶段,第三方支付企业主要为中国电子商务提供网关服务,并解决基础资金流问题。2003 年,支付宝等第三方支付企业相继成立,随着越来越多支付企业的进入,国内第三方支付行业呈现出欣欣向荣的局面。

(二)发展阶段(2004—2006 年)

该阶段,面对电商企业不断增加的在线支付需求,国内第三方支付企业开始在原先单纯的网关支付的基础上研发多样化、多类型的支付产品,让企业可以挑选到更适合自身业务的支付产品,满足消费者的多样化需求。例如,支付宝于 2005 年推出的担保交易模式为淘宝的发展带来巨大的帮助,这也从侧面加速了电子商务的发展。

(三)转型升级阶段(2007—2011 年)

该阶段,随着电子商务的不断发展,社会层面对于支付业务的需求也在快速增长,如何有效地满足这些需求,在很大程度上促进了整个社会的经济发展。银行和第三方支付企业双方都有各自的生存空间,双方的业务并非是对立的、竞争的,而是具有高度互补性的。因此可以预见未来的电子支付行业将是一个银行与第三方支付机构优势互补、共同发展的全新局面。

(四)迅猛发展阶段(2012 年至今)

随着 2015 年中国人民银行开始收紧对第三方支付机构的监管,通过中国人民银行吊销、自主注销、合并的方式,支付牌照数量停止增长并出现下降。尽管如此,2021 年通过第三方支付机构完成的交易数量仍突破了 1 万亿笔,第三方支付业务交易金额从 2015 年的 49.5 万亿元提升至 355.5 万亿元。2021 年,《中国人民银行关于加强支付受理终端及相关业务管理的通知》(银发〔2021〕259 号)发布,自此条码支付被纳入监管。

三、第三方支付开户要求

非银行支付机构为个人开立支付账户的,同一个人在同一家支付机构只能开立一个Ⅲ类账户。支付机构为单位开立支付账户,应当参照《人民币银行结算账户管理办法》第 17 条、第 24 条、第 26 条等相关规定,要求单位提供相关证明文件,并自主或者委托合作机构以面对面的方式核实客户身份,或者以非面对面方式通过至少 3 个合法安全的外部渠道对单位的基本信息进行多重交叉验证。支付机构在为单位和个人开立支付账户时,应当与单位和个人签订协议,约定支付账户与支付账户、支付账户与银行账户之间的日累计转账限额和笔数,超出限额和笔数的,不得再办理转账业务。

四、非银行支付机构客户备付金存管

客户备付金,是指非银行支付机构为办理客户委托的支付业务而实际收到的预收待付货币资金。备付金集中存管账户,是指非银行支付机构在中国人民银行开立的专门存放客户备付金的账户。任何单位和个人不得挪用、占用、借用客户备付金,不得以客户备付金提供担保。

非银行支付机构应当在中国人民银行开立一个备付金集中存管账户。非银行支付机构携备付金集中存管账户开立申请书、营业执照、《支付业务许可证》(副本)、法定代表人或者负责人身份证件原件和复印件及其他开户所需材料到住所地中国人民银行分支机构开立备付金集中存管账户。备付金集中存管账户的管理应当遵守中国人民银行会计核算相关规定。

开展跨境人民币支付业务的非银行支付机构,可以选择一家特定业务银行开立一个特定业务待结算资金专用存款账户,仅用于办理跨境人民币支付结算业务。非银行支付机构确有特殊需要的,可以再选择一家特定业务银行开立一个特定业务待结算资金专用存款账户作为备用账户。

开展基金销售支付业务的非银行支付机构,可以选择一家特定业务银行开立一个特定业务待结算资金专用存款账户,仅用于办理基金销售支付结算业务。

开展跨境外汇支付业务的非银行支付机构,原则上可以选择不超过两家特定业务银行,每家特定业务银行可以开立一个特定业务待结算资金专用存款账户(一家特定业务银行的多个币种跨境外汇待结算资金专用存款账户视作一个特定业务待结算资金专用存款账户),仅用于办理跨境外汇支付结算业务。

非银行支付机构特定业务待结算资金专用存款账户与其中华人民共和国境内客户、商户银行结算账户之间的资金划转应当由清算机构通过备付金集中存管账户办理。特定业务待结算资金专用存款账户的管理,以及境内和跨境资金划转应当遵守中国人民银行和相关监管部门的规定。

(一)预付卡发行与受理

开展预付卡发行与受理业务的非银行支付机构,可以选择一家备付金银行开立一个预付卡备付金专用存款账户,该账户性质为专用存款账户,仅用于收取客户的购卡、充值资金,不可以办理现金支取或者向备付金集中存管账户以外的账户转账。预付卡备付金专用存款账户资金交存备付金集中存管账户前发起、经由备付金银行审核确认的当日误入款的原路退回交易除外。

非银行支付机构开立预付卡备付金专用存款账户,应当遵守中国人民银行关于开立专用存款账户的相关规定,并出具《支付业务许可证》(副本)和备付金协议。

预付卡备付金专用存款账户的名称应当标明非银行支付机构名称和“客户备付金”字样。非银行支付机构其他银行账户不得使用“备付金”字样。

预付卡备付金专用存款账户内资金应当于每个工作日大额支付系统业务截止前全部交存至备付金集中存管账户。

非银行支付机构的分支机构应当将接收的客户备付金存放在以非银行支付机构名义开立的备付金账户，不得以该分支机构名义开立备付金账户。

非银行支付机构开展预付卡发行与受理业务时，应当选择符合以下要求的商业银行作为备付金银行：

(1)总资产不得低于 1000 亿元，有关资本充足率、杠杆率、流动性等风险控制指标符合监管规定。

(2)具备监督客户备付金的能力和条件，包括健全的客户备付金业务操作办法和规程，熟悉客户备付金存管业务的管理人员，监测、核对客户备付金信息的技术能力，能够按规定建立客户备付金存管系统。

(3)境内分支机构数量和网点分布能够满足非银行支付机构的支付业务需要，并具有与非银行支付机构业务规模相匹配的系统处理能力。

(4)具备必要的灾难恢复处理能力和应急处理能力，能够确保业务的连续性。

(5)满足中国人民银行基于保护客户备付金安全、维护消费者合法权益所规定的其他要求。

开展预付卡发行与受理业务的非银行支付机构拟变更备付金银行(包括同一备付金银行的不同分支机构)的，应当提前 10 个工作日向住所地中国人民银行分支机构报告变更方案，变更方案应当包括变更理由、时间安排、变更后的备付金银行等内容，并按照有关规定，开立新预付卡备付金专用存款账户，撤销原预付卡备付金专用存款账户。

(二)变更

非银行支付机构名称发生变更的，应当在名称变更手续完成之日起 2 个工作日内，到住所地中国人民银行分支机构办理备付金集中存管账户名称变更。非银行支付机构因迁址等原因需变更备付金集中存管账户的，应当在非银行支付机构住所变更等手续完成后，按照有关规定，到迁址后住所地中国人民银行分支机构开立新备付金集中存管账户，并于新备付金集中存管账户开立之日起 2 个工作日内将原备付金集中存管账户资金全部划转至新备付金集中存管账户，并办理原备付金集中存管账户销户手续。

非银行支付机构名称发生变更的，应当在名称变更手续完成之日起 2 个工作日内，到备付金银行办理预付卡备付金专用存款账户名称变更。

非银行支付机构拟撤销预付卡备付金专用存款账户的，应当书面告知备付金银行或者其授权分支机构，并于拟撤销账户内的资金全部划转至备付金集中存管账户之日起 2 个工作日内，办理销户手续。

非银行支付机构终止支付业务的，应当在按照规定提交的客户权益保障方案中说明备付金账户及特定业务待结算资金专用存款账户撤销事项，并在中国人民银行决定终止相关业务后办理销户手续。

非银行支付机构应当提前 2 个工作日将开立、变更和撤销备付金账户和特定业务待结算资金专用存款账户原因及后续安排报告住所地中国人民银行分支机构。非银行支付机构、备付金银行和特定业务银行应当在备付金账户和特定业务待结算资金专用存款账户开立、变更或者撤销当日分别向非银行支付机构住所地中国人民银行分支机构备案，同时书面告知清算机构。

非银行支付机构应当确定一个自有资金账户，向住所地中国人民银行分支机构备案，并将账户信息书面告知清算机构。非银行支付机构应当将备案自有资金账户与其预付卡备付金专用存款账户、特定业务待结算资金专用存款账户分户管理。非银行支付机构拟变更备案自有资金账户的，应当提前 2 个工作日向住所地中国人民银行分支机构报告变更原因、变更后的自有资金账户、变更时间等事项，并书面告知清算机构。

（三）清算

非银行支付机构应当选择符合以下要求的清算机构：

(1)依法成立的清算机构。

(2)具备监督客户备付金的能力和条件，包括但不限于有健全的客户备付金业务操作办法和规程，熟悉客户备付金存管业务的管理人员，监测、核对客户备付金信息的技术能力，能够按规定建立客户备付金监测系统。

(3)具有满足国家和金融领域相关技术标准要求的业务设施，具备与非银行支付机构业务规模相匹配的系统处理能力，以及保障清算服务安全稳定运行所需的应急处置、灾难恢复和网络安全保障能力。

(4)满足中国人民银行基于保护客户备付金安全、维护消费者合法权益所规定的其他要求。

非银行支付机构拟变更清算机构的，应当提前 10 个工作日向住所地中国人民银行分支机构报告变更方案。变更方案应当包括变更理由、时间安排、变更后的清算机构、业务合作情况、系统对接方式、应急处置预案等内容。

非银行支付机构应当分别与清算机构、备付金银行或者其授权的一个境内分支机构签订备付金协议，约定双方的权利、义务和责任，保障客户备付金安全。备付金协议应当约定非银行支付机构划转客户备付金的支付指令，以及客户备付金发生损失时双方应当承担的偿付责任和相关偿付方式。备付金协议对客户备付金安全保障责任约定不明的，非银行支付机构、备付金银行和清算机构应当优先保证客户备付金的安全及支付业务的连续性，不得因争议影响客户合法权益。

非银行支付机构与清算机构、备付金银行或者其授权的分支机构应当自备付金协议签订之日起 2 个工作日内，分别向非银行支付机构住所地中国人民银行分支机构备案。备付金协议内容发生变更的，按照前述规定办理。

非银行支付机构、清算机构和备付金银行应当妥善保管备付金账户信息及交易信息，保障客户信息安全和交易安全。

(四)使用与划转

非银行支付机构应当在收到客户备付金或者客户划转客户备付金不可撤销的支付指令后,办理客户委托的支付业务。

非银行支付机构应当基于真实交易信息发送划转客户备付金的支付指令,确保支付指令的完整性、一致性、可跟踪稽核和不可篡改,并确保相关资金划转事项的真实性、合规性。清算机构应当及时对支付指令进行审核,审核无误后及时办理资金划转,必要时可以要求非银行支付机构提交与交易相关的材料。清算机构有权拒绝执行非银行支付机构未按约定或者违反《非银行支付机构客户备付金存管办法》发送的支付指令。

非银行支付机构之间因合作产生的、基于真实交易的客户备付金划转应当通过清算机构在备付金集中存管账户之间进行,发起支付业务的非银行支付机构应当提供交易流水、收付款人信息等表明交易实际发生的材料。非银行支付机构之间不得相互直接开放支付业务接口,不得相互开立支付账户。

开展预付卡发行与受理业务的非银行支付机构应当在预付卡章程、协议、售卡网点、公司网站等以显著方式向客户告知用于接收购卡、充值资金的预付卡备付金专用存款账户的开户银行、户名和账号。

非银行支付机构通过非现金方式接收的预付卡业务客户备付金应当直接交存至预付卡备付金专用存款账户;按规定可以通过现金形式接收的预付卡业务客户备付金,应当在收讫日起 2 个工作日内全额交存至预付卡备付金专用存款账户。

在符合相关业务规定的情形下,非银行支付机构备付金集中存管账户中的资金仅能向其商户和客户指定的银行结算账户、备案自有资金账户和特定业务待结算资金专用存款账户、存在合规业务合作关系的其他非银行支付机构备付金集中存管账户,以及中国人民银行基于保障消费者合法权益而认可的其他账户划转。非银行支付机构开展合规业务,需要向备付金集中存管账户划转自有资金的,应当通过清算机构从备案自有资金账户办理。

非银行支付机构按规定通过非现金方式为客户办理备付金赎回的,应当通过清算机构从备付金集中存管账户划转资金;按规定通过现金形式为客户办理备付金赎回的,应当先通过备案自有资金账户办理,再通过备付金主监督机构从备付金集中存管账户将相应额度的客户备付金划转至备案自有资金账户。

非银行支付机构应当缴纳行业保障基金,用于弥补客户备付金特定损失以及中国人民银行规定的其他用途。

非银行支付机构提取划转至备付金集中存管账户的手续费收入、因办理合规业务转入的自有资金等资金的,应当向备付金主监督机构提交表明相关资金真实性、合理性的材料,经备付金主监督机构审查通过后划转至备案自有资金账户。

非银行支付机构因办理客户备付金划转产生的手续费费用,不得使用客户备付金支付。

【工作场景】

1. 手机卡被复制，支付宝被盗

近日，黄女士接到一个电话，对方称自己是手机运营商公司的工作人员，有人拿着黄女士的身份证和驾照，到营业厅要求复制她的手机卡。黄女士因身份证和驾照都在身上，便没注意。

但过了两分钟，黄女士的手机卡就不能用了。次日下午，她突然想起手机号与支付宝账号进行了绑定，她一查吓一跳："支付宝账号里的 24600 元全都没了。"接到报案后，警方立刻成立了专案组，第三天就锁定了嫌疑人陈某等人，黄女士的钱也被悉数追回。

- **工作建议**

____

____

____

____

____

____

2. 利用网络支付平台盗刷银行卡资金案

托人代办信用卡的李先生由于将银行预留手机号码、身份证与储蓄卡的高清照片都泄露给了不法分子，尽管存款当天李先生便惊醒回神，迅速去银行柜台关闭网银并更改了之前预留的联系方式，但仍未能避免 3 日后卡内现金被悉数盗刷的命运。此番快捷支付扣除了李先生卡内的款项，竟无须经过其银行卡支付密码的验证。由此可见，当你的银行卡在不知情下被绑定了别人的快捷支付账号时，那么在未经你本人支付密码验证的情况下，你银行卡内的所有现金可能就已经被刷走了。

- **工作建议**

____

____

____

____

____

____

3. 快捷支付验证不足导致的客户资金被盗案件

张某、刘某一起在某购物网站上开店。在开店过程中，二人发现修改其网店的支付账户用户名和密码时，只需在网上向该家支付公司客服提交电子版营业执照即可，由于客服对电子版营业执照的审核不严，很容易受理通过。二人发现这一漏洞后，就采取PS技术，伪造其他公司的电子版营业执照，提交修改密码申请，进而控制账户并盗窃资金。张某、刘某利用某支付公司网上平台在账户改密业务中的漏洞，盗刷数家企业在该支付公司支付账户内的资金共20余万元。因涉嫌盗窃罪，二人被所在区检察院批准逮捕。

- **工作建议**

____

____

____

____

____

____

4. 网络融资平台用户资金被盗案

张先生在某购物网站上和卖家协商购买价值27500元的照相机一台，双方约定分多笔交易付款。后根据支付机构网页提示，张先生登录到网上银行进行付款操作，收款方名称为：××支付科技有限公司。付款后该购物网站显示“等待买家付款中”，张先生到银行查询，被告知钱款已经打到支付机构。后张先生发现打入支付机构的钱款被转入另外一个银行账号，而此账号并非本次交易卖方的账户。按照支付机构的交易规则，在买方没有确认收货前，支付机构不能将货款转出。张先生诉至人民法院，认为该购物网站和支付机构作为交易平台的提供方和第三方资金管理方，未尽到安全管理义务，致使己方购物款被盗转，要求法院判决该购物网站和支付机构赔偿其相应损失。

- **工作建议**

____

____

____

____

____

____

班级		姓名		学号	

工作情境18 条码支付业务

【工作目标】

1.知识与技能目标：熟练使用条码支付。

2.情感与态度目标：谨防条码支付时产生的信息泄露、网络诈骗等风险。

【工作背景】

2011年7月1日，全球领先的第三方支付平台支付宝在广州网货交易会上宣布推出全新的手机支付产品：条码支付。该方案旨在为数以百万计的微型商户提供不需额外设备的低成本收款服务，最低只需一支智能机。这是全球第一个条码支付产品，也是支付宝首次通过在线支付技术进入线下市场，实现了“现场购物、手机支付”。

国内外各市场主体开始尝试将条码技术运用于移动支付领域，以提升支付便捷性和用户体验。

为鼓励市场机构业务创新，中国人民银行2011年同意部分非银行支付机构在限定场景内试点开展条码支付业务，审慎地将条码支付定位于银行卡支付的补充，并提出严格的风险管理要求。2014年，在未建立有效安全措施、统一的业务规则和消费者权益保护制度的背景下，部分支付机构采取持续补贴的方式广泛推广条码支付业务，中国人民银行对其采取了暂停线下条码支付业务的监管措施。

近年来，支付标记化（tokenization）等技术在移动支付中的广泛应用，客观上提高了条码支付的安全标准。但是由于缺乏统一的业务规范和技术标准，条码生成和传输过程中仍存在风险隐患，并引发了支付安全的风险案件。此外，市场机构在业务推广过程中仍存在不正当竞争等现象。

2017年底，中国人民银行发布《关于印发〈条码支付业务规范（试行）〉的通知》（银发〔2017〕296号），自2018年4月1日起实施。

情境18-1 银发〔2017〕296号

【工作用具】

任意第三方支付平台的收款码、付款码。

【工作内容】

一、条码支付业务

条码支付(barcode pay)是指银行业金融机构(以下简称银行)、非银行支付机构(以下简称支付机构)应用条码技术,实现收付款人之间货币资金转移的业务活动。

二维码又称二维条码,是指在一维条码的基础上扩展出另一维具有可读性的条码,使用黑白矩形图案表示二进制数据,被设备扫描后可获取其中所包含的信息。二维码技术在 1994 年诞生于日本,由日本第一大零部件生产商日本电装公司旗下子公司 Denso Wave 的员工腾弘原发明。最初的二维码是条形码的升级版本,其呈现形式是丰田汽车的"看板管理系统"的二次元编码。北京意锐新创科技有限公司创始人王越是中国最早进行二维码创业的人,也是第一个在国家层面推动二维码技术研发、最早向海外出口二维码引擎的人,被誉为中国的"二维码之父"。2005 年,我国建立了自己的二维码标准——"汉信码",目前它已经成为国际标准。2013 年,微信开始推行二维码。2014 年,移动支付开始流行。由于二维码彻底颠覆了移动支付的固有形态,随着移动支付的发展二维码也迎来了春天,呈现爆发性的增长。

目前,我国已成为二维码最大的应用国家。据统计,截至 2021 年全球 90%以上的二维码应用是在中国。

二维码是随数据时代的发展而产生和发展的,随着 5G 时代的到来,从移动互联到万物互联,首先要有"一物一码",即二维码"身份证"。从支付的角度来看,5G 技术与生物识别技术的结合,人脸支付、微表情支付、脑电波支付、虹膜支付、声纹支付等各种新的支付形态有望成为下一代的支付形态。

条码支付业务包括付款扫码和收款扫码,常见扫码设备如图 18-1 所示。

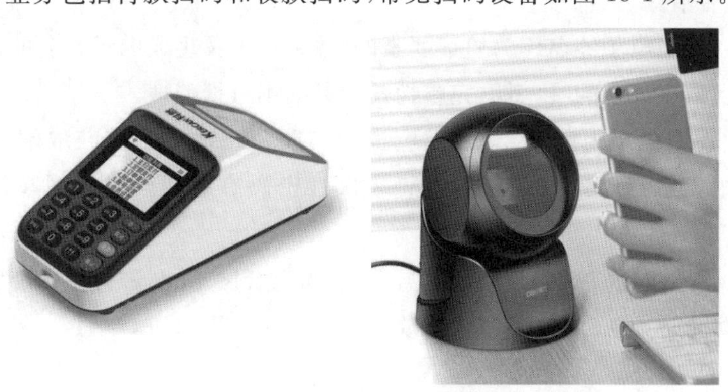

图 18-1　常见扫码设备

(一)付款扫码

付款扫码是指付款人通过移动终端识读收款人展示的条码完成支付的行为。银行、支付机构应遵守中国人民银行发布的相关技术标准与规范要求,保证条码支付业务的交易安全和信息安全。

(二)收款扫码

付款扫码是指收款人通过识读付款人移动终端展示的条码完成支付的行为。支付机构开展条码支付业务,应按规定取得相应的业务许可,并按相应管理办法规范开展业务。支付机构不得基于条码技术,从事或变相从事证券、保险、信贷、融资、理财、担保、信托、货币兑换、现金存取等业务。

二、条码生成和受理

银行、支付机构开展条码支付业务,应将客户用于生成条码的银行账户或支付账户、身份证件号码、手机号码进行关联管理。

(一)验证要素

银行、支付机构开展条码支付业务,可以组合选用下列三种要素,对客户条码支付交易进行验证:

(1)仅客户本人知悉的要素,如静态密码等。

(2)仅客户本人持有并特有的,不可复制或者不可重复利用的要素,如经过安全认证的数字证书、电子签名,以及通过安全渠道生成和传输的一次性密码等。

(3)客户本人生物特征要素,如指纹等。

银行、支付机构应当确保采用的要素相互独立,部分要素的损坏或者泄露不应导致其他要素损坏或者泄露。

采用数字证书、电子签名作为验证要素的,数字证书及生成电子签名的过程应符合相关规定,应确保数字证书的唯一性、完整性及交易的不可抵赖性。

采用一次性密码作为验证要素的,应当切实防范一次性密码获取端与支付指令发起端为相同物理设备而带来的风险,并将一次性密码有效期严格限制在最短的必要时间内。

采用客户本人生物特征作为验证要素的,应当符合国家、金融行业标准和相关信息安全管理要求,防止被非法存储、复制或重放。

(二)限额管理

银行、支付机构应根据《条码支付安全技术规范(试行)》(银办发〔2017〕242 号)关于风险防范能力的分级,对个人客户的条码支付业务进行限额管理:

(1)风险防范能力达到 A 级,即采用包括数字证书或电子签名在内的两类及以上有效要素对交易进行验证的,可与客户通过协议自主约定单日累计限额。

(2)风险防范能力达到 B 级,即采用不包括数字证书、电子签名在内的两类及以上有效要素对交易进行验证的,同一客户单个银行账户或所有支付账户单日累计交易金额应不超过 5000 元。

(3)风险防范能力达到 C 级,即采用不足两类要素对交易进行验证的,同一客户单个银行账户或所有支付账户单日累计交易金额应不超过 1000 元。

(4)风险防范能力达到 D 级,即使用静态条码的,同一客户单个银行账户或所有支付账户单日累计交易金额应不超过 500 元。

支付机构向客户开户银行发送支付指令,扣划客户银行账户资金的,同一客户全部银行账户合计日累计交易限额执行上述限额的规定(见表 18-1)。

表 18-1　风险防范能力分级

风险防范能力	交易验证方式	交易限额(同一客户单日累计)	
		银行(单个银行账户)	支付机构(所有支付账户或快捷支付)
A	采用包括数字证书或电子签名在内的两类及以上有效要素进行验证	自主约定	自主约定
B	采用不包括数字证书、电子签名在内的两类及以上有效要素进行验证	单日累计不超过 5000 元	单日累计不超过 5000 元
C	采用不足两类有效要素进行验证	单日累计不超过 1000 元	单日累计不超过 1000 元
D	无论何种交易验证方式	单日累计不超过 500 元	单日累计不超过 500 元

(三)交易管理

银行、支付机构提供付款扫码服务的,应具备差异化的风控措施和完善的客户权益受损解决机制,在条码生成、识读、支付等核心业务流程中明确提示客户支付风险,切实防范不法分子通过在条码中植入木马、病毒等方式造成客户信息泄露和资金损失。

银行、支付机构提供收款扫码服务的，应使用动态条码，设置条码有效期、使用次数等方式，防止条码被重复使用导致重复扣款，确保条码真实有效。

银行、支付机构开展条码支付业务所涉及的业务系统、客户端软件、受理终端（网络支付接口）等，应当持续符合监管部门及行业标准要求，确保条码生成和识读过程的安全性、真实性和完整性。

银行、支付机构应按照中国人民银行相关规定强化支付敏感信息内控管理和安全防护，强化交易密码保护机制；通过支付标记化技术应用等手段，从源头控制信息泄露和欺诈交易风险。

银行、支付机构应指定专人操作与维护条码生成相关系统。条码信息仅限包含当次支付相关信息，不应包含任何与客户及其账户相关的支付敏感信息。特约商户展示的条码，仅限包含与当次支付有关的特约商户、商品（服务）或商品（服务）订单等信息。

（四）终端交易

移动终端展示的条码，不得包含未经加密处理的客户本人账户信息。银行、支付机构应确保条码支付交易经客户确认或授权后发起，支付指令应真实、完整、有效。移动终端完成条码扫描后，应正确、完整显示扫码内容，供客户确认。

特约商户受理终端完成条码扫描后，应仅显示扫码结果并提示下一步操作，不得显示付款人的支付敏感信息。

银行、支付机构应根据条码支付的真实场景，按规定正确选用交易类型，准确标识交易信息并完整发送，确保交易信息的完整性、真实性和可追溯性。

交易信息至少应包括：直接提供商品或服务的特约商户名称、类别和代码，受理终端（网络支付接口）类型和代码，交易时间和地点（网络特约商户的网络地址），交易金额，交易类型和渠道，交易发起方式等。网络特约商户的交易信息还应当包括订单号和网络交易平台名称。

银行、支付机构应在支付交易报文中通过特定域标识该交易为条码支付交易，以供报文接收方正确识别并进行授权处理。

支付交易完成后，特约商户受理终端和移动终端应显示支付结果；支付失败的，特约商户受理终端和移动终端还应显示失败原因。

三、特约商户管理

（一）特约商户资质

银行、支付机构拓展条码支付特约商户，应遵循“了解你的客户”原则，确保所拓展的是依法设立、合法经营的特约商户。

中国支付清算协会、清算机构应将条码支付特约商户纳入特约商户信息管理系统及黑名单管理机制。银行、支付机构拓展特约商户时，应进行查询确认，如商户及其法定代表人或负责人在特约商户信息管理系统中存在不良信息记录的，应谨慎为该商户提供条码支付服务；不得将已纳入黑名单的单位和个人，以及由纳入黑名单个人担任法定代表人或者负责人的单位拓展为特约商户，已经拓展为特约商户的，应当自该特约商户被列入黑名单之日起10日内予以清退。

（二）实名制度

银行、支付机构拓展特约商户应落实实名制规定，严格审核特约商户的营业执照等证明文件，以及法定代表人或负责人的有效身份证件等申请材料，确认申请材料的真实性、完整性、有效性，并留存申请材料的影印件或复印件。

对依据法律法规和相关监管规定免于办理工商注册登记的实体特约商户（小微商户），收单机构在遵循"了解你的客户"原则的前提下，可以通过审核商户主要负责人身份证明文件和辅助证明材料为其提供条码支付收单服务。辅助证明材料包括但不限于营业场所租赁协议或者产权证明、集中经营场所管理方出具的证明文件等能够反映小微商户真实、合法从事商品或服务交易活动的材料。

以同一个身份证件在同一家收单机构办理的全部小微商户基于信用卡的条码支付收款金额日累计不超过1000元、月累计不超过1万元。银行、支付机构应当结合小微商户风险等级动态调整交易卡种、交易限额、结算周期等，强化对小微商户的交易监测。

（三）条码支付受理协议

银行、支付机构应与特约商户签订条码支付受理协议，就银行结算账户的设置和变更、资金结算周期、结算手续费标准、差错和争议处理等条码支付服务相关事项进行约定，明确双方的权利、义务和违约责任。

银行、支付机构在条码支付受理协议中，应要求特约商户基于真实的商品或服务交易背景受理条码支付；按规定使用受理终端或网络支付接口、银行结算账户，不得利用其从事或协助他人从事非法活动；妥善处理交易数据信息、保存交易凭证，保障交易信息安全；不得向客户收取或变相收取附加费用，或降低服务水平。

银行、支付机构应建立特约商户信息管理系统，记录特约商户名称和经营地址、特约商户身份资料信息、特约商户类别、结算手续费标准、银行结算账户信息、开通的交易类型和开通时间、受理终端（网络交易接口）类型和安装地址等信息，并及时进行更新。

银行、支付机构应按规定向中国支付清算协会和清算机构特约商户信息管理系统报送特约商户基本信息。

(四)特约商户检查制度

银行、支付机构应建立特约商户检查制度,明确检查频率、检查内容、检查记录等管理要求,落实检查责任。

银行、支付机构应当对实体特约商户条码收单业务进行本地化经营和管理,通过在特约商户及其分支机构所在省(区、市)辖内的收单机构或其分支机构提供收单服务,不得跨省(区、市)开展条码收单业务。

(五)不得外包制度

银行、支付机构应按照相关要求审慎选择外包服务机构,严格规范与外包服务机构的业务合作,强化收单外包业务的风险管理责任。银行、支付机构作为条码支付收单业务主体的管理责任和风险承担责任不因外包关系而转移。

银行、支付机构不得将特约商户资质审核、受理协议签订、资金结算、交易处理、风险监测、受理终端主密钥生成和管理、网络支付接口管理、差错和争议处理工作交由外包服务机构办理。银行、支付机构与外包服务机构系统对接开展业务的,应确保外包服务机构无法获取或者接触支付敏感信息、不得从事或者变相从事特约商户资金结算。

银行、支付机构应尊重特约商户的自主选择权,不得干涉或变相干涉特约商户与其他机构的合作。

银行、支付机构开展条码支付业务应参照银行卡刷卡手续费定价标准科学合理定价,不得采用交叉补贴、低于成本价格倾销等不正当手段排挤竞争对手,扰乱市场秩序。

四、条码支付的风险管理

(一)风险管理体系

银行、支付机构应建立全面风险管理体系和内部控制机制,提升风险识别能力,采取有效措施防范风险,及时发现、处理可疑交易信息及风险事件。

银行、支付机构开展条码支付业务,应当评估业务相关的洗钱和恐怖融资风险,采取与风险水平相适应的管控措施。

银行、支付机构应建立特约商户风险评级制度,综合考虑特约商户的区域和行业特征、经营规模、财务和资信状况等因素,对特约商户进行风险评级。

银行、支付机构应结合特约商户风险等级及交易类型等因素,设置或与其约定单笔及日累计交易限额。

银行、支付机构对风险等级较高的特约商户,应通过强化交易监测、建立特约商户风险准备金、延迟清算等风险管理措施,防范交易风险。

银行、支付机构应建立特约商户检查、评估制度，根据特约商户的风险等级，制定不同的检查、评估频率和方式，并保留相关记录。

（二）应急预案体系

银行、支付机构应制定突发事件应急预案，建立灾难备份系统，确保条码支付业务的连续性和业务系统安全运行；应能够有效识别本机构发行的客户端程序和特约商户受理终端，能够确保条码生成和识读过程的安全性；应确保客户身份或账户信息安全，防止泄露，并根据收付款不同业务场景设置条码有效性和使用次数；应建立条码支付交易风险监测体系，及时发现可疑交易，并采取阻断交易、联系客户核实交易等方式防范交易风险。

银行、支付机构发现特约商户发生疑似套现、洗钱、恐怖融资、欺诈、留存或泄露账户信息等风险事件的，应对特约商户采取延迟资金结算、暂停交易、冻结账户等措施，并承担因未采取措施导致的风险损失责任；发现涉嫌违法犯罪活动的，应及时向公安机关报案。

五、条码支付受理终端及相关业务

（一）条码支付受理终端管理

对于具备采集多项支付信息和参与发起支付指令等功能的条码支付受理终端，清算机构、收单机构应当参照银行卡受理终端相关规定建立健全管理规则，并对不符合规则的存量条码支付受理终端限期进行改造或更换。收单机构应当按照《中国人民银行关于加强支付受理终端及相关业务管理的通知》（银发〔2021〕259 号）相关规定建立并报送条码支付受理终端序列号与相应 5 要素信息的关联对应关系，并确保该关联对应关系在支付全流程中的一致性和不可篡改性。

情境 18-2 银发〔2021〕259 号

原则上条码支付受理终端应当具备定位功能。对于不具备定位功能的条码支付受理终端，收单机构应当确保其被用于特约商户固定经营场所和合法合规用途。

（二）条码支付辅助受理终端管理

对于仅具备条码读取或展示功能、不参与发起支付指令的条码支付扫码设备、显码设备和静态条码展示介质等条码支付辅助受理终端，收单机构应当建立特约商户编码与下述四要素信息的关联对应关系，并确保该关联对应关系在支付全流程中的一致性和不可篡改性：

（1）收单机构代码；

（2）特约商户统一社会信用代码；

(3)特约商户收单结算账户；

(4)条码支付辅助受理终端布放地理位置。

(三)收款条码管理

对于为个人或特约商户等收款人生成，用于付款人识读并发起支付指令的收款条码，银行、支付机构、清算机构等为收款人提供收款条码相关支付服务的机构(以下统称条码支付收款服务机构)应当制定收款条码分类管理制度，有效区分个人和特约商户使用收款条码的场景和用途，防范收款条码被出租、出借、出售或用于违法违规活动。对于具有明显经营活动特征的个人，条码支付收款服务机构应当为其提供特约商户收款条码，并参照执行特约商户有关管理规定，不得通过个人收款条码为其提供经营活动相关收款服务。

条码支付收款服务机构应当采取有效措施禁止个人静态收款条码被用于远程非面对面收款。确有必要进行远程非面对面收款的，条码支付收款服务机构应当对相应收款人实行白名单管理，并审慎确定白名单准入条件与规模、个人静态收款条码的有效期、使用次数和交易限额。对于通过截屏、下载等方式保存的个人动态收款条码，应当参照执行个人静态收款条码有关规定。

六、条码支付要求

(一)严格遵循业务资质及清算管理要求

支付机构向客户提供基于条码技术的付款服务的，应当取得网络支付业务许可；支付机构为实体特约商户和网络特约商户提供条码支付收单服务的，应当分别取得银行卡收单业务许可和网络支付业务许可。

银行、支付机构开展条码支付业务涉及跨行交易时，应当通过人民银行跨行清算系统或者具备合法资质的清算机构处理。银行、支付机构不得新增不同法人机构间直连处理条码支付业务；存量业务应按照人民银行有关规定加快迁移到合法清算机构处理。

(二)规范条码支付收单业务管理

条码支付收单业务，是指收单机构与特约商户签订受理协议，在特约商户按约定受理基于条码技术的支付方式并与付款人达成交易后，为特约商户提供交易资金结算服务的行为。银行和支付机构在为特约商户提供条码支付收单服务时，应执行《银行卡收单业务管理办法》《中国人民银行关于加强银行卡收单业务外包管理的通知》等规定。银行、支付机构应当加强条码支付收单业务管理，严格遵守商户实名制、商户风险评级、交易风险监测等基本规定。为实体特约商户提供收单服务，应履行本地化经营、商户定期巡检责任；为网络特约商户提供收单服务，应强化对网络支付接口的使用管理和交易监测，采取有效的检查措施和技术手段对其经营内容和交易情况进行检查。银行、支付机构与外包服务机构开展条码支付业务合作的，应明确外包服务机构定位，加强管理，防范业务风险。

（三）发挥行业自律作用

银行、支付机构从事条码支付业务，应接受中国支付清算协会行业自律管理。中国支付清算协会应将条码支付特约商户纳入协会特约商户信息管理系统管理；对条码支付外包服务机构，一并纳入中国支付清算协会银行卡收单外包服务机构评级体系管理。对被实名举报涉嫌违法违规开展条码支付业务的，中国支付清算协会应按照相关要求进行处理。

（四）加大监督检查力度

已开展条码支付业务的银行、支付机构应当全面梳理自身条码支付业务情况（含境内、跨境、境外业务）并形成报告，包括但不限于按年度统计的业务量、产品介绍、业务流程、技术方案、风险管理机制、境内外机构合作情况、资金清算模式、收费标准及利润分配机制、客户权益保护措施、外包服务机构信息及外包范围，以及根据本通知进行自查的情况及整改方案等。

银行、支付机构和清算机构开展条码支付业务创新，拓展跨境、境外条码支付业务的，应当至少提前 30 日向中国人民银行总行或法人所在地中国人民银行分支机构报告。

中国人民银行分支机构依法对辖区内银行、支付机构条码支付业务进行监督管理，加大检查力度，对违规行为应按照相关规定予以处理；对情节严重的，依照《中国人民银行法》有关规定予以处罚。

七、条码支付场景

条码技术最初主要应用于支付领域，其常见支付场景主要包括以下方面：一是支付类场景，二是体验优化类场景。

（一）常见银行支付类场景

1. ATM 机扫码存款和取款

用户可通过手机银行扫描 ATM 机上的二维码，实现在 ATM 机上无卡取现、无卡存款的功能，如招商银行等。另外，条码支付技术也可支持各银行生成标准银联二维码，支持用户跨行取款。

2. 自助售货机扫码支付

部分银行网点增设了无人自助售货机，且对支付方式普遍进行了改造和升级。消费者除了可采用现金方式进行交易外，还可选择移动支付方式，目前手机微信、支付宝扫码支付是无人自动售货机的主流支付方式。

3.银联二维码支付功能

消费者可通过手机银行收款码及付款码功能进行移动支付。常见使用场景如乘坐公共交通、进行银联支付等。

4.POS 机扫码,信用卡分期业务

消费者在指定的特约商户门店消费时,使用手机银行的收款二维码进行付款,即可使用信用卡的分期功能。常见使用场景如手机卖场、汽车卖场等。

(二)常见体验优化类场景

1.二维码电子票务

火车票、景点门票、展会门票、飞机票、电影票等都可以通过二维码实现完全的电子化。比如,消费者通过网络购票系统完成网上支付,手机即可收到二维码电子票,消费者可以自行打印或保存在手机上作为入场凭证,验票者只需通过设备识读二维码,即可快速验票,大大降低了票务耗材和人工成本。这种方式告别了传统纸张模式,提高了通行效率,同时也能有效防止伪票的流通。

2.券码核销营销

消费者凭二维码可享受消费打折,这是目前 O2O 平台应用最广泛的营销方式之一。比如,商家通过短信等方式将电子优惠券、电子票等发送到消费者手机上,消费者消费时只要向商家展示手机上的二维码优惠券等,并通过商家的识读终端扫码、验证,即可享受相应优惠。

例如,美团团购券的使用、招商银行掌上生活权益的使用、微信卡包优惠权益的使用等,这些券码与各类营销活动绑定,商家和消费者之间通过二维码方式进行券码的发送与核销。

3.交通违章罚单

目前各类交通违章罚单上的信息通常会存储在二维码或条形码中,由于 OCR 技术(光学字符识别技术)对单据的格式有一定要求,而二维码技术相对标准且使用便捷,因此,驾驶人员可通过扫描罚单二维码,获取罚单编号并自动完成缴费。

【工作情境】

1.静态条码容易被恶意“调包”

杨女士在小镇上做小吃生意,平时使用支付宝二维码收款。某天,杨女士突然收不到到账提醒了,当晚 8 时许,杨女士结束了一天的营业回到家,把这件事告诉了丈夫。丈夫立刻去查询营业款,结果发现当天根本没有收到款项。无奈之下,杨女士报了警。

经过调查,民警发现杨女士的收款二维码被人恶意“调包”。原来,为方便消费者付款，杨女士把支付宝收款二维码贴在快餐车窗口，不法分子在原二维码上重新覆盖了一张假冒的二维码，使得顾客扫码支付后钱款直接转到了不法分子账户上。不法分子为让作案痕迹不易被察觉，特意镂空了假冒二维码的中间部位，粘贴之后肉眼难以识别，如不用手触摸很难发现被粘贴了另一张胶纸。

• 工作建议

2. 利用收款码伪造交通罚单

蔡先生从酒店出来后，发现车子挡风玻璃上留有一张写着“扫码可付停车费”的凭证小票，扫码后显示“违章停车，罚款 200 元”的提示。这是一种被媒体曝光过的常见诈骗手段。不法分子在车上张贴“违停罚单”，并附有二维码，写明“扫码可缴费”等字样，车主扫描二维码后显示“违章处理，转账 200 元，点击确认”等字样。消费者应提高警惕，这是一种假罚单。不法分子利用消费者图省事的心理和有时存在粗心大意的情况，基于日常生活消费、公共事业缴费（如水、电、燃气缴费等）、交通违章罚单缴费等应用场景，编造虚假的缴费信息通知或提示，同时放置或印制伪造的条码，误导消费者扫描伪码，实施欺诈。

• 工作建议

3. “清理僵尸粉”，嵌入木马病毒程序

小王在微信上收到一条“看看谁把你拉黑了”的信息。他按照步骤扫码清理了“僵尸粉”后，发现被扣款 1000 元。由于缺少信息安全意识，不法分子将木马病毒等程序嵌入其生成的条码当中，用户一旦误扫了此类条码，手机就可能被他人控制，导致账户资金被盗刷、个人敏感信息泄露等风险事件发生。

• 工作建议

4.“集赞”诱骗消费者发送付款码

杨小姐在朋友圈看到“集 50 个赞即送赠品”的广告，商家回复“把付款码发送过去就可以兑换”。杨小姐将付款码发送过去后，结果收到了扣款 99 元的短信。该案例告诉我们，不法分子利用部分消费者不熟悉“收款码”和“付款码”的具体功能，以金钱或物质奖励、优惠等为由诱导消费者向其发送付款码之后迅速实施盗刷。

• 工作建议

5. 网店还要扫码？

在一些网购过程中，不法商户在支付环节诱骗消费者使用购物平台监控外的扫码方式进行付款。一旦消费者扫描不法商户发来的收款码进行支付，钱款将直接进入不法商户的账户中，原本“收到货物才确认付款”的交易担保机制就无法发挥作用，消费者的合法权益也就无法得到保障。

除此之外，近来还有利用小礼品等奖励诱导消费者扫描二维码进行注册，变相搜集个人身份信息的现象。因此，消费者在扫码的时候，不要轻易去选择来源可疑的二维码；在线下扫码时，由商户扫消费者的二维码比消费者扫商户的二维码相对更安全些。

- 工作建议

【工作实务】

条码支付业务中所涉及的支付场景主要有：

1. A 用户使用手机扫描 B 用户的收款码(无论是手机上的还是纸质的二维码，其中间都有个人头像，属于静态二维码)。

2. A 用户使用手机扫描 C 商户的收款码(无论是微信、支付宝的二维码还是聚合支付码等，都属于静态二维码)。

3. C 商户使用扫码枪或者摄像头扫描 A 用户的付款码(该付款码仅向线下商户展示，为动态二维码)。

4. A 用户使用手机扫描 C 商户的智能 POS 机等设备生成的二维码(该收款码为动态二维码)。

【工作误区】

1. 小心扫码下载 APP

二维码本身并不带病毒，但通过扫描二维码下载的软件安装包可能会带有病毒。手机一旦被植入木马程序等，用户的支付账号、手机号、通讯录等信息就存在被泄露的风险。

2. 小心扫码转网页

扫描二维码后跳转的网页，安全性得不到有效保障，有可能会在扫码之后跳转到不法分子搭建的钓鱼网站。这些网站会诱导用户填写账号及密码、下载恶意脚本等，不仅窃取用户信息，更有甚者还可能威胁到用户的财产安全。

3. 小心扫码加好友

扫码加好友的请求大多来自微商，用户一旦加了他们的微信号，可能会经常收到一些产品的广告信息，或者经常被各种朋友圈的推销广告刷屏。当然也有一些不法分子通过添加好友的方式，获取用户的照片和个人信息，然后进行贩卖并牟利。

【工作任务】

1. 讨论个人静态收款条码禁止用于非面对面收款的利弊。
2. 模拟常见条码支付场景5处。
3. 调查商户收款码的手续费率。
4. 撰写区块链技术在跨境支付中的应用报告。